U0857985

云南百位历史名人传记丛书

中共云南省委宣传部◎编

云南出版集团
云南人民出版社

图书在版编目（CIP）数据

红色将星——周建屏 / 解菲著. -- 昆明：云南人民出版社, 2015.5

（云南百位历史名人传记丛书）

ISBN 978-7-222-11498-2

Ⅰ.①红… Ⅱ.①解… Ⅲ.①周建屏（1892～1938）—传记 Ⅳ.①K825.2

中国版本图书馆CIP数据核字(2013)第321936号

出 品 人：李　维
　　　　　刘大伟
责任编辑：杨昆芹
装帧设计：马　滨
责任校对：黄　灿
责任印制：杨　立

书名　红色将星——周建屏
作者　解菲　著
出版　云南出版集团　云南人民出版社
发行　云南人民出版社
社址　昆明市环城西路609号
邮编　650034
网址　http：//ynpress.yunshow.com
E-mail　ynrms@sina.com
开本　889mm×1194mm　1/32
印张　5
字数　90千
版次　2015年5月第1版第1次印刷
印刷　昆明卓林包装印刷有限公司
书号　ISBN 978-7-222-11498-2
定价　20.00元

如有图书质量及相关问题请与我社联系
审校部电话0871-64164626　印制科电话0871-64191534

云南百位历史名人传记丛书

编委会名单

总　序

丛书编委会

历史长河浩浩荡荡！中华文明自滥觞至汇聚千流，涵纳万水，奔腾迭起，云蒸霞蔚，延五千年之长史，至今生机勃然，是迄今世界上唯一保持完整且衍传有序、光耀于人类的伟大文明。

习近平总书记指出：一个国家、一个民族的强盛，总是以文化兴盛为支撑的。中华民族是具有非凡创造力的民族，我们创造了伟大的中华文明，实现中华民族伟大复兴的中国梦，必须弘扬中国精神。以爱国主义为核心的民族精神，以改革创新为核心的时代精神，是兴国之魂，强国之魂。

云南，是祖国西南神奇、美丽、富饶的宝地，是中华文明中极具特质和创造潜力的丰美之乡。云南少数民族文化是中华民族文化的重要瑰宝。长期以来，云南大地上，各民族和睦与共，相濡相生，共同创造了色彩瑰丽、形态多元、底蕴厚重、影响深远的历史文化，为我们留下了珍贵的精神遗产。人，是历史的镜子，是历史最生动的环节，人民是历史的主人和创造主体。在人类历史的进程中，一个个不同时期的代表人物产生过一些不同的影响。“云南百位历史名人传记丛书”就是这样一丛历史的记录，一百位历史名人，虽未必尽能概全，各位历史人物的代表性也不尽相同，但都是“追梦人”，是振兴民族伟大理想的传薪人、探索者和实践家。

在这些代表人物中，无论是拓土开疆的将帅勇者，还是蹈海酬志的大国使节；无论是志于传播文明的鸿儒巨擘、先哲贤士，还是为民族独立解放而高歌猛进、慷慨捐躯的群雄英杰，都贯注了这一重要精神。正是以他们为代表的云南各族人民创造并抒写了可歌可泣的英雄史章，熔铸了坚韧不拔、奋为人先、包容博大、敢于担当的精神品质，才使云南在中华文明的长史中闪耀着特有的光辉。尤在近代中国，在辛亥护国风云中，在反对外辱保卫祖国边疆维护民族尊严、抗击日本法西斯侵略中，云南站在历史前台，以中华群雄的不屈身影演出了一幕幕豪迈悲壮的历史大戏，也更涌现了一批足以彪炳史册、光照后人的杰出人物。这一切，给予中国历史进程深远的影响。

今天，实现中华民族伟大复兴之梦，谱写富民强滇中国梦的云南篇章，需要以中华文化发展繁荣为重要条件，这就需要接续这一光荣而伟大的精神传统，在继承中创新，在创新中发展，在发展中超越。云南正处于一个新的历史起点上，需要大力挖掘历史文化资源，聚合更强大的精神动力，为推动我省科学发展、和谐发展、跨越发展凝心聚力。为此，我们组织省内外专家学者编写出版了“云南百位历史名人传记丛书”。这对加强我省各族人民，尤其是青年一代对历史的了解、认同，爱国爱乡爱民并甘于奉献，对提升优秀精神品质，形成团结奋斗的共同的思想基础，坚定推进富民强滇的信心和决心，显然有着重要的现实意义和切实的助力。

一百位历史人物，所处历史时期并不相同，其历史作用也有差异，甚至就个人的全面历史评断方面也难以等量趋同。但我们以为这些留存史迹的人物，所以传扬至今，为后世崇奉，均有他们共同的历史向度和价值取向，我们学习这些历史人物，至少应当着重于以下几个大的方面，即：“守大德、重大义、集大成、有大度、达大观”。

守大德，即恪守道德规范。“德者，本也。”（《礼记·大学》）“大德”既是国家民族的根本利益所在，也是中国文化中最核心的价值理念及标准。古语“行德则兴，背德则崩”，不仅是资政经验，也是个人修习完善的根基。所谓“厚德载物”，直观的理解，就是如果德行浅薄，是不能兴物成事，更不能造就伟大功业的。云南历史文化名人，大多以德立身，大节不移，并对此恪守坚定，一以贯之；始终保持正确信念和理想，并为之奋斗到底。这是我们首先要学习尊崇的。

重大义，即以国家民族利益的需要为个人行为取舍的标准。有大义，才有大爱。这些先贤无不爱云南爱乡土，以兴业乡梓、造福一方为己任。尤在国家民族命运攸关、生死存亡的关头，这些令人崇敬的先辈，大义擎天，逢难不避，敢于担当，责无旁贷，勇往直前，不惧牺牲。一个心存天下大公的人总会在不经意的一瞬决定大义的选择，这是社会进步的希望所在，更何况实现中华复兴的伟大梦想，还有很多异常艰危的事业在等待我们去克难攻坚。所以，举凡大义、为民为国、全身而进的精神是我们应当效法崇尚的。

集大成，“知类通达，强立而不反，谓之大成”。这些历史人物留下的足迹，予人深刻启迪。他们无论是出将入相，还是布衣一袭，均勤学不辍，求索不止，在追求真理和知识的道路上刻苦务实，义无反顾，永无终期，故能成大器，胜大任，不辱使命。今天，世界进入知识信息时代，软硬实力决定一个国家能否赢得发展机遇，乃至自立于强国之列的地位。其紧迫性不亚于先辈梦想中国富强的百年期许。但今天所谓“集大成”，是更高更大更具有生存挑战性和发展战略性的，是集世界之“大成”，集政治经济、科技文化、制度建设、社会发展等一切领域“总成”，玉成中国梦的空前伟大的事业。所以，先人刻苦自律、博学精进的学习精神我们应当秉持继承。

有大度，即要有开放包容的胸怀。云南历史文化名人的一个共通品质，也是一个显著特点就是，即使身处僻远，总能破除狭隘与陋见，以宏大度量，兼容并包，接纳先进，吸收优异，团结一切可以团结的力量，聚合一切可以聚合的资源，总成一股创造历史的宏大动力，来完成伟大的事业。哪怕是割股舍己，也在所不惜。今天，云南要实现跨越式发展，保持开放包容的胸怀尤其重要。所以，先辈“天下云南”的大度我们应当弘扬光大。

达大观，即要眼观天下，达察全局，与时俱进，审时知变，敢为人先。推动云南社会历史进步的代表人物，无不目光远大，胸怀全局，对世界潮流、时代嬗变，都能审视洞悉，并欣然顺应规律，故能在历史转折的关键时刻做出正确选择，成就改天换地的一番伟业。古语有“小智自私”、“达人大观”，是将为个人谋私的小智谋与担当天下兴亡的大智慧尖锐对比而言的。否则，“其兴也勃焉，其亡也忽焉”。一个为民为国而应用心智的人，必然有达观天下的心怀，也由此激发潜能、超迈寻常，而使人生境界也更加美好而宏丽。遍观世界文明史，许多影响人类进步的伟大创新，正是以此为动力和起点的。今天，中国经济社会的快速发展，国家的日益强大，正为实现中华民族伟大复兴的中国梦开拓了无限广阔的道路，也为个人实现自身价值创造着更加富实的前景。所以，先辈们达观天下的精神我们应当引为楷模。

我们对志向高远、仰观天下、俯察民情、甘为路石、慨当以慷、求真务实的历史名人，心存景仰，并愿与千千万万的读者，尤其是青年朋友一道学习弘扬。

组织编撰“云南百位历史名人传记丛书”是一项重要的文化工程，编撰出版人员都做出了艰苦的努力，但由于众手修书，书稿层次不一，成书体例难以做到完全一致，对存在的不足敬请读者批评指正，我们将虚心接受，并在修订再版时一并吸纳修改完善。

目录//MULU

◆ 上下求索

◆ 夙愿得偿

◆ 胜战连连

目录//MULU

◆ 一进闽北

◆ 二进闽北

◆ 投入抗战

目录//MULU

上下求索

清朝末年，清政府腐朽没落，反清斗争风起云涌，云南成为风云际会之所在，为致力于推翻清政府统治的革命志士提供了广阔舞台。身处这样一个时代的周建屏，在艰难跋涉中寻找救国救民之路。

宣威位于云南省东北部，历史悠久，资源丰富，人口众多，是著名的“云腿”之乡，素有“滇东门户”之称。宣威之名，源于明洪武十五年（1382）明王朝南征军于今城中大令卡所设的宣威关。意为宣播朝廷威德，以资震慑。

倘塘，一个地处宣威北部云贵两省交界处的小镇，距宣威43公里，总面积390.71平方公里。全镇下辖18个行政村，156个村民小组，280个自然村，总人口80898人，居住着汉、回、彝、苗等民族。倘塘地理位置优越，西连龙潭，南临宣威，东北与杨柳接壤，北与贵州威宁隔马摆河相望。这里自古就是古人入滇的重要驿站，绵延的五尺道从成都而来，进入乌蒙山中，在大山之间盘桓迂折。到倘塘后，人们禁不住看那白云苍狗，体味小镇上的柳明杏花，在沿街的店里歇息下来，给车马加足水草而去。马可·波罗最后一次云南之行便是从这里经可渡出去，这个逍遥的外国使者，他把倘塘叫做荡坦。这里历史上曾和云贵交界的可渡一起称为倘可县，地理位置的重要性和文化渊源的深远性都在云南发展史上留下了浓墨重彩的一笔。至今在倘塘，依然能从保留完整的四合院里透过斑驳的红漆，看出当年的几度风霜来。

倘塘人杰地灵，名特产品众多，资源丰富，现已将周建屏故居和松林“万人坑”等景点连成了一道红色旅游风景线；方寸大小的黄豆腐以“云南十九怪——倘塘豆腐拴着卖”的独特方式和风味名扬四海；已探明煤储量4.8

亿吨，占宣威煤储量的四分之一，故有“将军故里”“黄豆腐之乡”“煤炭重镇”的美誉。

是什么原因让小镇倘塘享有了“将军故里”的美誉？这得从红十军的创始人之一、军长周建屏将军说起。

周建屏，1892 年 8 月 26 日出生于宣威倘塘村。原名宗尧，字兴唐，又曾名子炎。

周建屏祖籍江西省金溪县左源村。据说周建屏的五世祖时，因为山林水利纠纷，村上的周黄两姓发生械斗，周姓斗败，五世祖遂于清乾隆三十五年（1770）迁居宣威倘塘定居。自此，周家几代人便在异地他乡成家立业，开始了采掘铜矿、缝纫、做小生意、种地的生涯，至周建屏时已历时一百多年。

周建屏的父亲周义忠有些文化，为人正直，办事公

周建屏故居

道，清末曾被举荐，步入仕途，做了地方上的一个小官吏，娶了农家女杨重妹为妻，生三男（宗尧、宗舜、宗禹）三女（凤英、四妹、八妹）。周建屏就出生在这样一个颇为优裕的家庭。

周义忠作为清朝没落时期的一个有识之士，把革弊兴利、振兴中国的希望寄托在自己的下一代身上。当他的长子呱呱落地的时候，就给取名宗尧，字兴唐，这个名字寄托着父辈的希望和理想——瞩望儿孙们能效忠明君尧、舜、禹，追求民族复兴和国家强盛。

少年时期的周宗尧，在倘塘私塾戴老先生门下求学，潜心攻读《四书》《五经》。

参加重九起义

18岁那年，周建屏厌倦了封建官僚家庭的舒适生活，决计投身到变革社会、兴利除弊的斗争洪流中去。他怀着保国为民的心情，放弃优裕的家庭生活，投笔从戎。

1908年，云贵总督锡良在云南成立陆军第十九镇。刚刚十七岁的周宗尧，怀着保国为民的心情，更名周建屏，参加了新军。

驱出鞑虏，光复中华，创立民国，平均地权——这既是中国同盟会的盟誓，同时也是推翻丧权辱国、腐败无能的清政府的终极目标。

辛亥革命的伟大功绩是推翻了清王朝，结束了中国两千多年的封建专制历史。在民主革命的新浪潮中，成千上万中华精英加入了孙中山组织的同盟会和其他的反清革命团体，参加了辛亥革命，周建屏成为了他们当中的一员。

1911 年 10 月 10 日，辛亥武昌起义爆发，全国震动，各地纷纷响应。在边陲云南，新军第十九镇第三十七协统领蔡锷于 10 月 30 日在昆明发动起义，周建屏随新军参加了起义。这天因为农历是传统的九九重阳节，所以也称“重九起义”。

重九之夜，昆明战斗异常激烈。起义军官兵不怕牺牲，浴血奋战，令人可歌可泣。云南陆军讲武堂特别班学生、七十四标第二营所属排长、起义时升任连长的朱德，身先士卒，英勇善战，率队参加攻打云贵总督署的战斗，大获全胜。40 年后，朱德还写有“忆昔重阳大义申，而今始

重九起义激战地之一——五华山

护国军都督府门

得告功成”（《昆明感怀》）和“云南起义是重阳，下定决心援武昌”（《辛亥革命杂咏》）等诗句以纪其事。

云南起义后，蔡锷派出两个梯团（相当于旅）共八个营入川援助四川起义军，周建屏在谢汝翼、顾品珍第一梯团属下当兵。

参加护国起义

观其字而辨其意，护国战争所护之“国”有两层意思，一是避免中国沦为日本人的殖民地；二是反对帝制，捍卫共和。因此，护国战争又有“再造共和”之说。史称孙中山为创建“共和之父”，云南的唐继尧则被誉为“再造共和”之“南天一柱”。

1915 年，袁世凯承认日本帝国主义的“二十一条”，接着又于同年 12 月宣布做皇帝，激起全国人民极大的愤慨。同年 12 月 25 日，蔡锷凭借云南的革命力量和他本人的政治威望，发动了护国倒袁起义。此时，周建屏在护国第一军顾品珍第三梯团第六支队朱德部下当连长。1916 年 7 月，护国军进入成都，顾品珍第三梯团被编为第六师驻守成都，周建屏在该师杨希闵步兵团当连长。

1917 年 4 月 23 日，四川旧军刘存厚攻陷成都，滇军撤出，周建屏随军退至叙永一带。

袁世凯死后，在日本的支持下，辫帅张勋导演了一场复辟的丑剧，把已被推翻的清朝末代皇帝溥仪扶上台。这年 8 月，孙中山为维护《临时约法》，组成靖国军。入川滇军师长顾品珍升任军长，周建屏在顾军范石生师当营长。

1923 年春，滇军进入广州，周建屏在入粤滇军第一军（滇军总司令杨希闵兼任军长）第一师（师长杨池生）师部任上尉参谋。

1923 年七八月间，入粤滇军发生内讧，孙中山下令逮捕杨如轩、杨池生……

周建屏一时间不知该往哪里去。大脑惊恐不定难以支配两条木桩似的腿。没有方向，没有目的，漫无边际地走啊走。原以为滇军进入广州，便可以将革命进行到底，谁知滇军内部头领也是争权夺势，相互明争暗斗，要不是滇军总司令杨希闵掩护师长杨池生逃走，他这个师部上尉参谋，恐怕早已死在乱枪底下，想起来叫人愤怒。

周建屏从自己十余年的戎马生涯中，看到辛亥革命、云南起义一次次都失败了，灾难深重的中国人民仍然处在饥寒交迫和战乱频繁之中，他看不到中国的出路在哪里，立志报效国家的满腔热血也化为一杯冰水。于是，带着深深的迷茫和失望，周建屏离开了滇军，解甲归田，回江西金溪老家置办房地产，只望苟安家乡，享受田园之乐。

回到家乡不久，周建屏才知道父亲为饥寒所迫惨死荒郊，弟弟无辜遭豪绅谋害。这不共戴天的仇恨，怎能忍下？但他想到，在这军阀混战，地主豪绅横行乡里的世道，被逼得家破人亡的，何止我周建屏一家啊！天下乌鸦一般黑，城市乡村一个样，辽阔的神州大地，何处有黎民百姓安身之处啊！眼下国家多难，民不聊生。“天下兴亡，匹夫有责”，我周建屏堂堂五尺男子汉，岂能视而不见？岂能心安理得享受田园之乐？不，决不能，一腔忧国忧民之情不禁油然而生。他思前想后，决定抛弃回乡吃一碗干净饭的念头，离开家乡，去探索一条救国救民的道路。

周建屏收拾行装，告别乡亲，踏上了人生的新征程。他忽然想起了伟大的爱国诗人屈原《离骚》中的诗句，情不自禁地吟诵起来：

路漫漫其修远兮，吾将上下而求索。

夙愿得偿

进入黄埔军校学习，在朱德的帮助下加入中国共产党，战斗中与组织失散，面对困境无惧无畏，并最终寻找到组织。“亦余心之所善兮，虽九死其犹未悔”，革命道路上种种艰难险阻历练了周建屏，使他逐渐成长为一名坚定的革命者。

1921年中国共产党的成立，给中华民族带来了希望。中国共产党领导下的风起云涌的工农运动，使周建屏受到深刻的教育和启发，唤起了这位笃实的青年军官的报国之心。他想：我行伍出身，能做些什么呢？经过认真考虑之后，他决定还是到军队去，想法拉出一支工农的队伍来。

1924年1月，中国国民党第一次全国代表大会召开，标志着国民党和中国共产党第一次合作的形成，加速了中国民主革命的步伐。对于共产党人的政治主张及其在社会上和军队中的活动，周建屏也早有所闻。

1925年，周建屏来到了赣州，在驻守江西赣州的杨如轩师任辎重营营长。为了接触更多的军官，他辞去辎重营长的职务，在师部任少校参谋。

黄埔学习

1926年7月，国民革命军大举北伐。北伐军在工农群众的支援下，所向披靡，迅速进入湖南。周建屏被这种从未有过的革命形势激励着，毅然离开赣州，去到广州。

他穿过热闹市区，寻到了黄埔军校。操场上正在上军事课，身穿灰布军装的学员们紧张而愉快地在操练。他们队列整齐，动作划一，充满生气。原来这里已开学多时，军校教务处的一位办事人员告诉他不再接收学员。周建屏垂头丧气地走出军校。他茫然若失地走在广州的大街上，心里在思谋着办法，他突然想到了“精诚所至，金石为开”

黄埔军校

的古语，不觉心头一热，像是在黑暗中见到了一线光明，决定再去黄埔军校找军校领导恳求，要以百折不挠的决心和至诚去打动对方。次日一早，他换了一身干净的军装，打好绑腿，戴好军帽，然后兴致勃勃地第二次来到黄埔军校。一进校门，他遇到了一位身材魁梧、浓眉大眼的军官，此人便是政治部主任周恩来，周恩来通过与周建屏交谈，了解了他的背景、上军校的目的以及革命理想，决定帮助他。

周建屏终于进了黄埔军校，实现了自己的愿望，成为黄埔军校第一期学员，心里有说不出的兴奋。周恩来也为能吸收这样一位学员，感到分外高兴。

周建屏打仗的实践经验虽然较丰富，但系统地学习军事理论却不够。入学以后，他为了今后带好革命队伍，当一个出色的指挥员，便开始精心钻研那些古今中外的“兵法”。有空就常跑到政治部来，向周恩来主任请教一些问题。不久，又有一门课程迷住了他，那就是马列主义。军校里并没有开设这门课，他只是从政治部借了《共产党宣言》《国家与革命》等书来自己学。看到某些难懂的地方，就向周恩来主任请教。他慢慢地从书中悟出了许多道理，心里变得豁然开朗起来。他感到这个世界有希望了，心里真有说不出的高兴！

1926 年 7 月，周建屏从黄埔军校毕业。当时正好赶上北伐战争开始，他被分配在国民革命军第三军，担任二十七营营长。这时，湖南已传来捷报：北伐先遣队叶挺独立团入湘作战，旗开得胜，连战皆捷。第一仗，以一团兵力击溃强敌六团之众；第二仗，打败了吴佩孚手下的名将陆沄……

周建屏听到这个消息，连觉都睡不着了，恨不得立即投入战斗。

很快他们师也接到了攻打江西南昌的命令。他们一路战斗，所向披靡。1926 年 11 月 6 日，周建屏随第三军攻克江西南昌。在南昌，周建屏与裁缝之女龚文卿结了婚。

与朱德重逢

1926 年底，朱德受党组织的委派来到南昌工作，任南昌市公安局局长和第三军军官教育团团长。周建屏在南昌会见了阔别多年的老上级——朱德。朱德是他在滇军中较为敬佩的长官之一。周建屏离开滇军之前，听说朱德到德国去了，谁知竟在这儿碰上了，真是巧遇。

周建屏的勇敢善战，在滇军里是出了名的。那时候，朱德就很器重他，两人有过不少来往。现在，朱德和周建屏又在战场上意外相见，两人都感到分外高兴，周建屏有多少心里话要向这位他所敬重的老上级倾吐啊！他半生坎坷，如今踏上的似乎仍是一条前途莫测、生死未卜的军人之路，正所谓"醉卧沙场君莫笑，古来征战几人回"。经过交谈，周建屏向朱德表达了想加入共产党的想法。其实，朱德也早已有这个想法。过去在滇军的时候，他很赏识周建屏的军事才能和在战场上勇敢拼杀的精神。现在，他更看上了周建屏的品德，他辞官回乡种田，又舍弃家产，千里迢迢投奔革命。这些表现充分说明他已有了一定的政治觉悟，具备了入党的基本条件。当然，朱德也坦率地向他指出了一些缺点。

经过一段时间的接触，朱德向他讲述了国际国内的大好革命形势和工农革命的道理，指明了方向和道路，周建屏的心里顿时亮堂了许多。从这以后，周建屏总爱把自己的心里话讲给老首长听，而朱德总是耐心地听，并进行循循善诱的启发教育，一种新的要求在周建屏的心底滋长着。终于，周建屏觉悟了，看到了光明，看到了前途，下定了为共产主义而奋斗终生的决心。

后来，周建屏向朱德提出加入中国共产党的要求，朱德看到这位青年的进步，从心底感到高兴。为了使自己早日成为光荣的中国共产党党员，周建屏时时刻刻都严格要求自己。

可是，在旧军队中待了多年的周建屏，沾染了一身不良的习气，要改掉这些不良习气，是多么得不容易。在这方面，他的毅力是相当惊人的。

据说，有一次周建屏正躺在床上抽鸦片烟，朱德发现后，并没有狠狠地批评，而只是笑了笑说：“共产党人可是不能抽大烟的。”周建屏听后，毫不迟疑地把烟枪摔在地上，表示坚决不抽了，并从此改掉了他身上沾染的一切不良习气和嗜好。

经过与朱德的交流，周建屏在思想上、政治上也逐渐成熟起来。对于他的进步，朱德非常高兴。

1927 年，蒋介石发动了“四一二”反革命政变，对共产党员实行大屠杀。霎时间处处腥风血雨，一片白色恐怖……

“当共产党太危险了，说不定什么时候要掉脑袋哩，你可千万不要加入了，至少避一下这个风头再说。”一位好心的朋友劝说周建屏。

“共产党兴旺时就要求加入，遭到挫折时就躲开，那还算得上什么真正的革命者，我主意已定，就是明天掉脑袋，今天我也要加入！”周建屏坚决回答。

1927 年春，在共产党员惨遭杀害，革命处于低潮，不少党员脱党甚至叛党的严峻时刻，朱德在南昌介绍周建屏秘密加入了中国共产党，并进入军官教育团，协助开展党的工作，实现了他一生中最富有意义的光辉转折。从此，周建屏立下誓言：跟着共产党，誓死志不移。

1927 年春，国民革命军第三军扩编，周建屏在新编程的第九师二十七团任二营营长。

周建屏的前半生，是在黑暗之中摸索着走过来的。他为了寻找党、寻找真理，为了追随党、追随革命，抛弃了优裕的生活，“毫不稀罕那华丽的大厦，却宁愿居住在卑陋潮湿的茅棚，不稀罕美味的西餐大菜，宁愿吞嚼刺口的苞粟和菜根，不稀罕舒服柔软的钢丝床，宁愿睡在猪栏狗案似的住所”，这充分显示了他有着坚贞不渝的共产主义情操，有着全心全意为人民服务的坚定信念！

1927 年 8 月 1 日，周恩来、贺龙、叶挺、朱德、刘伯承等领导的北伐部队三万余人，在南昌举行起义。周建屏随教育团奉命作为预备队，负责监视和歼灭驻地附近的敌人，参加了这次具有历史意义的武装起义。起义军全歼南昌市内和近郊的敌军。前敌委员会决定起义军仍沿用国民革命军第二方面军的名义，下辖三个军：第二十军、第十一军和第九军。朱德被任命第九军副军长（正军长未到职），周建屏任朱德军部参谋。8 月 3 日，朱德率第九军作为先遣队从南昌出发，同彭湃、恽代英等经临川向会昌前进，朱德利用他过去的社会地位，在进军路途中进行统战工作，给一些滇军将领写信，晓以大义，劝他们参加起义，而这些送信的工作全由周建屏担任。因为周建屏在滇军中干了十年，当过不少滇军将领的部下，国民党第十六军军长是范石生，周建屏 1917 年就在范石生师当过营长。朱德的统战工作取得了一定成果，使他们的部队大都持观望态度而不向起义军追击。起义军在江西瑞金一带击败敌

南昌起义情景油画

人钱大钧部后，按照前委决定，改变经寻乌出梅县的原定路线，由长汀进入到广东的潮州、汕头地区。

古刹脱险

1927 年 9 月下旬，起义军到达广东梅江、汀江、梅潭河汇合的三河坝。他们决定分兵前进：一路由周恩来、贺龙、叶挺、刘伯承等率领主力去占领潮汕；一路由朱德率领第十一军第二十五师和第九军一部分作后卫，留守三河坝掩护主力。

反动派狗急跳墙，跟帝国主义勾结起来，调动大批兵力，从四面八方包围上来，战斗进行得十分激烈。在朱德的指挥下，周建屏带领二十七营在三河坝的一座大山中，与敌人浴血鏖战了三昼夜，掩护七十三团、七十四团、七十五团撤退。他们全部转移之后，周建屏率领一个加强营的兵力与敌人周旋，但是由于寡不敌众，周建屏率部被敌人包围，全营战士多半牺牲了，周建屏正带领剩下来的战士准备在天黑后突围，不料又被敌人冲散。当他意识到已经摆脱了敌人的追击时，才知道周围只有自己一个人。从辛亥革命到讨袁护国，从滇军入广到南昌起义，从十八岁战到三十六岁，整整十八年，他还从未遇到眼下这样恶劣的战斗环境。就在他咬紧牙关，跃身跳出草丛时，一阵晚风吹开夜空中的乌云，月亮出来了，敌人的枪声也立即响了起来，一大群敌人正乱喊乱叫朝周建屏这边搜索过来，一步、两步、三步，眼看着走在前面的敌人就要接近，周建屏全身血管都膨胀起来。因为没有枪，便暗暗地将两手撑在地上，准备在敌人走近身边时，突然跃起来夺一支枪。反正是活不成了，拼一个算一个，也算是为死去的战友报了仇，还可以减少起义军摆脱险境的压力。正想着，忽然从不远处传来一声惨叫，又听到敌人大喊大叫："快来呀，这里抓到一个起义军。"随着喊声，快要走近周建屏身边的敌人也调头往那边冲了过去。接下来便是一声声惨叫，周建屏不敢听下去，看看周围没有敌人，便跳起来疯狂地朝前跑，直到跑得精疲力竭，想到离敌人已远，才停下来。经过几天几夜忍饥挨饿的步行，周建屏来到一座寺庙前，见大门上方有一块"碧莲寺"的金匾，两扇大门虚掩着。

他推门进去，走向后院，没见动静，便喊了声："有人吗？"停了片刻，才听到正殿旁边的禅房里有响动。他循声走近门口，见一位体态龙钟、白眉银须的老和尚正在闭目打坐。

周建屏上前施过礼，喊了一声："师父……"他根本不懂佛教的规矩，也不知该说什么话，心里想的是先要些吃的，填填肚子再说。

老和尚以善为本，牢记出家人救人一命胜造七级浮屠的古训，收留了身处困境的周建屏。周建屏便换了一身僧衣，并且剃了头发戴上僧帽，从此开始了他的佛门生涯。

他时刻惦记着起义军的下落、那些被冲散的战士们的生死存亡……为了打听起义军的下落，他常借买粮、买菜、外出办事的机会，到镇上去探听消息。

光阴似箭，周建屏"出家"转眼已经两个多月，他再也待不下去了。他想返回江西去寻找部队，去寻找党。他听朱德说过，大城市都有党的组织。如果到江西找不到，那就到南京、上海去找。但要离开这里，首先要得到师父的同意。

次日，清早起来，他对老和尚说："师父，徒弟来到这儿，在师父的教导下，学了许多佛教经典，懂得了不少道理。如今，徒弟俗念已除，心里有个想法，不知道当讲不当讲……"

"有何想法，只管讲吧。"

"徒弟想到南京去找古刹名僧受戒，不知道师父同意不同意？"

老和尚已经看出这个弟子不同一般，如果他真能为佛教有所贡献，那自然是好事。可是又觉得他刚来不久，自己年迈，身边的几个徒弟又都被大兵裹走，一去不回，心中有些犹豫，一时未作回答。

“师父，徒弟再三考虑，既入佛门，应当早日受戒，以绝俗念，请您允许我去。”

老和尚见他去心已定，便对他说：“只要你真的看破红尘，决心皈依佛门，去受戒是件好事，我给你介绍到南京栖霞山的白云寺去，那里的长老对佛学很有造诣，你去吧！”

老和尚为他写了介绍信，给了些衣服和路费，还将去南京的路线告诉他，叮咛再三。他便告别师父起程了。他出了寺院，沿着起义军原来的方向找去。想当初，他带领起义部队，浩浩荡荡，所向披靡。而现在，却成了一个孤单单的苦行僧。沿途笼罩着白色恐怖，被残杀的群众与士兵的尸体比比皆是，真是惨不忍睹……

他乡巧遇

周建屏自从在广东三河坝与起义军失散后，他为了找“亲人”，跑遍了祖国的大江南北。从武夷山南麓辗转到黄海之滨，城镇、乡村都留有他跋涉奔波的足迹，受尽了颠沛流离的艰辛，饱经了反动派盘查搜捕的风险。这正是第一次国内革命战争遭到挫折的关键时刻，当时城市党组织被破坏，不少共产党员惨遭杀害，党的活动被迫转入地下，处处笼罩着白色恐怖，时时叫人提心吊胆。但周建屏没有灰心气馁。1928年春天，他从青岛来到十里洋场的上海，心想偌大的上海城，总能找到党组织和同志们。

虽说是春寒料峭，可周建屏的心里却充满着即将投入党的怀抱中的温暖感觉。然而，上海十里洋场，人海茫茫，白色恐怖比当时的南昌尤甚，别说找党，就连个住的地方都难找到。特别是反动派铲共气焰十分嚣张，军警、特务日夜四处搜查共产党，尤其是对外来人员搜查监视更加严密，因为反动派知道中国共产党中央机关在上海，全国各地工农革命力量在遭到敌人破坏之后，许多共产党人都秘密地到上海来寻找党组织。所以反动派网罗了一大批地痞流氓，帮派黑势力组织的坏人，成立了“铲共委员会”，这些铲共组织的人员，几乎遍及上海各个角落，只要发现一点可疑的迹象便会突然袭击，乱捕乱抓。但是，周建屏坚信中国共产党的革命主张，一定能唤醒生活在水深火热中的广大民众，一定能战胜反动派的阴谋诡计。所以，他决心在上海留下来，为了生活，便到车站、码头当苦力。有空就到大街小巷去串游。

一天下午，他正穿行在黄浦江边外滩的人流中，一个熟悉的面孔一闪而过，他急忙赶上来，喊一声：“大哥，请等一等，兄弟有句话要跟你说。”这人回头一看，当即认出了这个卖苦力的人是周建屏。虽然感到意外，却并未显出惊讶，嘴里只说：“好，好，就来。”说着到路边小摊上买了盒纸烟，警惕地瞅了瞅前后，便拐进一条小街。周建屏尾随赶上来，到了僻静处，才将自己寻找党组织的经过和行踪扼要汇报了一番。这人是在南昌跟周建屏一起入党，又一起随起义军打到广东后失散的战友。他对周建屏的为人十分清楚，现在看到了他的这种神情和模样，信任地点了点头。当下约定了第二次见面的时间与地点，就匆匆分手了。

后来，周建屏跟这位同志见过几次面，并见到了中共上海地下组织的负责同志。党组织告诉他，毛泽东等在井冈山建立了根据地，方志敏、邵式平在赣东北领导了农民起义，革命斗争正在全国各地轰轰烈烈地展开。

上海地下党的同志，接受周建屏的要求，决定介绍他到江西协助方志敏创建赣东北根据地。

1929年上半年，方志敏等领导的弋阳、横峰苏区红军，缺少得力的军事指挥干部，党中央根据方志敏等的要求，决定将周建屏派往弋横苏区。

1929年的初冬，上海地下党的同志帮周建屏买好了由上海到九江的船票。他化名改装，以中央特派员的身份，将组织介绍信缝在棉袄里面，乘小火轮沿长江逆水而上。今天，虽然他乘坐在拥挤的四等舱里，乘客们乱哄哄地吵闹着，但他的心情却十分愉快，好似受了气的媳妇回娘家，马上就要见到久未见面的妈妈似的。他走出船舱，站在甲板上，手扶栏杆，朝上游眺望着。那儿是他的故乡，是他参加党，跟同志们一起，向国民党反动派打响第一枪的地方。现在，他又要回到那儿去了……

小火轮走了两天两夜，才到九江。江边码头上，人声嘈杂、乘客拥挤，周建屏在这杂乱的人群中，走出码头。他只知道方志敏在赣东北，具体在何县何镇，他就不清楚了。他没有在城里停留，只是问了问方向，便直奔湖口的方向。

湖口到弋阳，谁也说不清有多远，反正隔着好几个县的地界，全是连绵的大山，少说也有四五百里。但比起周建屏这几年走过的路，似乎近在家门口。

喜回“娘家”

方志敏、邵式平领导的红军，最早是由 1928 年初弋横暴动的农民武装组成的游击队。

1928 年 1 月，方志敏、邵式平等人在江西弋阳、横峰一带领导了弋横武装暴动，建立了农民武装组成的游击队，创建了赣东北根据地。同年 6 月金鸡山大捷后，这支游击队正式改编为“江西红军独立第五团”，兵力约有一个连，后来补充了哗变过来的两个连的白军士兵，兵力在三个连左右。当时红军中的工农分子军事素质较差，缺乏作战经验，而部分哗变过来的士兵居功自傲，闹饷、闹裳，不服指挥，保留着旧军队的那一套作风，因而战斗力不算强。

后来，因反动派发现这支革命武装力量并不强大，立即进行疯狂反扑，妄图一举消灭革命队伍，因此，方志敏带领队伍转入了游击战争。革命根据地被敌人分割，游击区日益缩小，联络困难。这年 6 月，游击队退到了弋阳、横峰、德兴三县交界的磨盘山。这里方圆不到五十里，反动派开来的一个靖卫团，驻扎在弋阳、横峰的四周，形成了一个包围圈，而且步步进逼，形势日益紧张。

1929年下半年的一天，为了统一思想，明确方针，方志敏在弋阳、横峰交界的地方召开了一次干部会议。会议一开始，众说纷纭。有的人见各地起义失败，丧失信心，主张把武器埋起来，分散隐蔽。方志敏当场批评了这种逃跑主义的想法。另一部分同志主张带着枪支冲出敌人包围圈，到根据地以外去打游击，方志敏提出了坚持在根据地打游击，与群众共存亡的意见。

他说："我们还没有跟敌人正式交过手，现在敌人兵力分散，群众不会支持他们。真的打起来，不见得我们就打不过他们……"方志敏正在详细分析坚持根据地打游击的有利条件时，忽然，一名战士进来报告："外面有人求见。"

方志敏忙起身，叫大家继续讨论，他一人走出来，只见一位中等个头的壮年人，一身农民打扮，肩上斜挎一个布包，风尘仆仆，一看便知是远道而来。

周建屏也没见过方志敏，只见迎面出来的是一位瘦高个头，穿一件深蓝色长袍，面容严肃而英俊。莫非就是……

两人互相打量着对方，然后用善意的眼光对视一下，点点头。方志敏指指身边的一把椅子，说声："请坐。"这是一家土豪的庭院，农民起义时，土豪逃走了，红军就住在这儿。

"先生，您有什么事？就跟我讲吧。"方志敏和蔼地说。

“我想见一见你们这里的负责人方志敏同志。”

“您认识他？”

“不认识。”

“那您找他有什么事？”

“有人叫我来找他。”

“谁？”

“党组织。”

“有介绍信吗？”方志敏站了起来。

“我要见到方志敏，亲手交给他……”

“您从哪儿来？”

“上海。”

“怎会知道方志敏在这儿？”

“……具体地点是湖口的一支农民游击队告诉我的。”

这支游击队，方志敏早已听说过，只是还未能联系上，看样子倒真是党组织介绍来的人，于是便说：“我就是方志敏，请交给我吧。”周建屏虽未见过方志敏，但在上海时党组织向他介绍了方志敏的长相特征，因此，刚才一见面他就细细地进行观察，猜准了对方就是自己要找的方志敏，真像是回到了“娘家”一样喜悦。

方志敏看了周建屏的介绍信后，掩饰不住内心的高兴，拉起他便进了后面正在开会的办公室，室内顿时安静下来。

1928年弋阳农民暴动旧址——弋阳县漆工镇

“我来介绍一下，这位是原北伐军有名的四军二十七营营长，南昌起义时曾担任营长的周建屏同志。”

哗的一声大家鼓起掌来，表示热烈欢迎。因为他们有不少人听到过周建屏的名字。一位身材魁梧、方脸盘的领导同志站起来，热情握住了周建屏的手，自我介绍说：

“我叫邵式平。你来得正是时候，我们正在讨论如何打退国民党的靖卫团，请你这位军事行家指导。”

“我提议，是不是请周建屏同志担任我们独立团的团长，请大家考虑合不合适。”方志敏同志说。

只听见一阵热烈的掌声，大家都不约而同地拥护方志敏的这一提议。

任命一个团长就这样简单吗？对，就这么简单。因为国民党的靖卫团已“兵临城下”，形势紧急，不允许他们稍有迟延。周建屏为了打退来犯的敌人也毫不推辞，立刻走马上任，带兵迎战。

敌人一个团，携带着精良的武器，趾高气扬地闯进来，前面还赶着成百上千的群众，一步步逼近磨盘山。

周建屏带领独立团，走下磨盘山，他记起了孙子兵法上说的“知彼知己，百战不殆”，分析了敌情，考虑了独立团的装备，不宜正面迎战，只能出其不意打他一个措手不及。他带领部队绕到敌军的后面，从他的屁股上狠狠给了他一下——将他末尾的一个连全部消灭了。前面的敌人听说红军抄了他们的后路，又不知来了多少红军，一下子乱了阵脚，各自夺路而逃。消息传到弋阳城，反动派不知有多少红军杀来，县太爷也吓得弃官而逃。地主豪绅逃至城外，害怕红军追来，都想抢先渡过江上的浮桥，你挤我拥，扑通通掉进河里淹死不少。这一仗独立团缴获了敌人的四十多支步枪，还有不少弹药和给养。

独立团以磨盘山为中心，扩建了赣东北苏区。方志敏任苏区主席，邵式平、周建屏同为苏区的主要领导人。

1929 年 10 月 1 日，第一次信江工农兵代表大会在弋阳县漆工镇召开。会上，组织了信江军委会，以邵式平为主席，红军番号改为“江西红军独立第一团”，周建屏当选为信江苏维埃政府执行委员，并担任江西红军独立第一团团长。从此以后，他领导的红军打了许多胜仗。

胜战连连

周建屏充分运用自己在黄埔军校所学知识及丰富的作战经验，发挥娴熟的军事指挥才能，率部连续作战得胜，逐渐成长为我军优秀指挥员，同时也成为方志敏创建革命根据地和红十军的得力助手。

1929年底，在根据地党组织和方志敏的正确领导下，粉碎了国民党反动派对赣东北革命根据地发动的第四次局部“围剿”，周建屏遵照指示，率领红军乘胜展开反击。

周坊是贵溪北乡的一个重镇，坐落在贵溪、余江、万年三县交界的山区，为了消灭驻守周坊的白军，周建屏率独立团开进了贵溪北乡，隐蔽在距离周坊十来里的三丫桥一带。据侦察人员报告，一连白军和靖卫团匪兵正朝三丫桥开来。周建屏和方志敏等研究了敌情，认为这是敌人一支搞“清乡”的部队，红军完全有把握吃掉这股敌人。方志敏立即批准了作战计划，周建屏率部队首战三丫桥，再战关王殿，夺回周坊，击溃敌军一个正规连和三县靖卫团的联合进攻，打死打伤敌军三十多人，俘虏一百多人，缴获步枪七十二支，水压机关枪一挺，取得了赣东北红军创立以来的一次最大胜利。红军第一次扛上机关枪，个个都乐了。在试打了一梭子弹后，红军战士高兴地说：“我们有了自己的机关枪，再也不怕敌人的机关枪了。”

红军后来又在余江、万年打了几个胜仗，创造了余、万苏区，群众斗争也蓬勃发展。

周建屏运用自己丰富的作战经验，发挥娴熟的军事指挥才能，精心组织了关王殿等几次战斗，用红军的战斗胜利推动根据地的发展，很快赢得了红军指战员和苏区人民群众的爱戴，也深深赢得了方志敏、邵式平等领导人的敬佩和信任，成为方志敏创建赣东北革命根据地和红十军的得力助手。

周建屏

1930年元旦，红军独立团集中在弋阳九区余家仓，扩编成六个连和一个机关枪队，战斗力大大加强。几天后，国民党军十八师五十二旅戴岳部会同各县靖卫团，分兵六路对赣东北革命根据地发动了第五次“围剿”。周建屏率红军独立团迅速投入反“围剿”战斗，遇敌于弋阳芳家墩，激战一天，稍有失利。周建屏很快摸清了敌情，看到敌人大兵压境，势头正旺，于是动员群众暂避深山，坚壁清野，号召地方游击队伺机骚扰打击进犯之敌，然后亲率独立团跳出重围，扑向兵力空虚的敌人巢穴——上饶。上饶守敌经不起红军突然发动的猛攻，扔下二十来支枪弃城而逃。红军首次攻下上饶城，占领半天，迫使进犯之敌急忙回援，顺利粉碎了敌人的第五次局部“围剿”。

红军战斗的胜利，使根据地局面大开，地域面积由弋横两县扩大到赣东北八县，人口由十余万增加到四十余万。

整顿军队

在红军独立团工作了几个月之后的周建屏，发现这支以工农为主体组成的人民子弟兵，怀着阶级的深仇大恨，吃苦、耐劳、勇敢、不怕死，具备着旧军队没有的许多特点，但也看到由于大部分战士未经军事训练，不懂军事，作战经验不丰富，同时还存在极端民主化，军纪不严，狭隘的报复主义以及由于投诚白军担任指挥员而带来的军阀主义，等等，加上在部队中政治工作薄弱，队伍出现了不少问题，在旧军队待了多年的周建屏深感有整军的必要。在特委批准下，方志敏、邵式平和周建屏领导了一场整军运动。

整军着重放在加强政治思想教育、严明军纪、废除军阀残余、强调官兵平等、改善战斗人员生活等问题上。通过整军，红军广大指战员思想觉悟有了很大提高，进一步明白了为谁当兵、为谁打仗。过去“有些人为了领奖，在战场上只顾缴枪、捡子弹，而忘记了追击敌人”的情况，开始纠正。废除了封建和军阀残余，建立了民主制度，实行了官兵一致的原则。比如，在连、营、团都建立了“士兵委员会”，一切士兵中的问题都必须由它来讨论决定，定期清算伙食账，不任意处罚士兵。

同时，周建屏还十分注重部队的军事训练，无论在课堂还是在操场，严格要求，一丝不苟。

整军期间，虽然“没有一本关于红军政治工作的书籍，政治工作的方法懂得很少”，但由于周建屏等领导者多开会交流，从实际出发，注重效果，较好地将红军的政治水平和战斗水平提高起来。当时，仿照红一、三军团的“三大纪律、六项注意”也总结出三大纪律：1. 行动听指挥；2. 不拿工人农民一点东西；3. 打土豪要归公。还有六项注意：1. 上门板；2. 捆铺草；3. 说话和气；4. 买卖公平；5. 借东西要还；6. 损坏东西要赔。还规定，凡是恪尽职守、吃苦耐劳、遵守纪律可做模范的，分别给予个别口头奖励、通令奖励，发给奖品。凡是有不遵守号令，抵抗指示，擅离职守，损坏武器和公物，报告失实，无故开枪，谩骂、斗殴、酗酒、嫖赌、误解或误传命令，无故迟到、误时间，未经许可外出，违反风纪以及非法捆绑部属等情节之一者，分别给予劝告、警告、严重警告、队前悔过、罚做各种勤务、入悔过室、撤职以至开除军籍的处分。

整军期间，周建屏和方志敏、邵式平等领导者一起发动全团官兵总结以往几次反"围剿"的经验，逐步形成了"出敌不意，攻其不备，声东击西，避实击虚，打不打操之于我，集中优势兵力诱敌深入，扎口子打埋伏，截粮道，吃补药，吃得下就吃，吃不下就跑"的作战原则。在整顿红军主力的同时，对各县游击队和赤卫队等群众武装也进行了同样整顿，使地方武装进一步明确了巩固扩大苏区、保卫红色政权、加紧联防、武装自卫、镇压反革命、截击敌人、断绝敌人交通给养、配合主力红军作战、帮助白区工作等多项任务，从而成为主力红军作战的重要帮手。

官兵关系也大为好转。从苏维埃政府主席、军委主席的方志敏，到苏区一般干部战士，每人每天五分钱的菜金，没有薪饷，穿同样的衣服，吃同样的伙食，大家毫无怨言。周建屏本人也在整顿中受到教育，向方志敏学到了许多丰富的革命经验，进一步明确了自己肩上的担子，谨记"打仗、筹款、帮助建设地方政权"的三大任务。方志敏在总结这次整军运动时，指出：“经过一个短时间这样的整顿训练，独立团原有的一些散漫混乱现象逐渐肃清，变成整齐严肃的正规红军了，战斗力也随之较以前加强。”老百姓也说，自从盘古开天地，都说兵匪是一家，可是红军秋毫无犯，从来没有见过这样的军队。红军独立团以崭新的姿态迎接新的战斗，为红十军的诞生奠定了坚实的思想基础。

整军之后，蒋介石、冯玉祥、阎锡山军阀混战爆发，进攻赣东北的白军大部分调走了，各地方差不多都是靖卫团驻守。方志敏、周建屏决计趁此大好时机，向根据地外围扩展。

1930 年 2 月，周建屏率红军乘敌不备，在弋阳团林一举歼灭黄琼靖卫团。4 月，周建屏率独立团冒雨摸黑奇袭大茅山下的张家川，歼灭德兴黄柏塘靖卫团，为群众除了一大害。5 月 5 日是马克思诞辰日，周建屏和方志敏率红军分路攻打乐平、秧畈，全歼白军一个连。第二天，乘胜攻下乐平东南乡的大集镇众埠街。接着，红军又攻下外国资本家开设的鸣山煤矿和铁山、黎桥等村镇。前后个把星期，乐平东南乡敌人的枪支基本缴完，红军枪支由三百多增加到六百多。红军把在鸣山煤矿缴获的几台车床运回根据地，建起了信江苏区的第一个兵工厂。同时，红军帮助乐平建立了县苏维埃政府，匀出部分枪支协助建立了乐平县游击大队。

奇袭名城

“为什么要攻打这里？”

“你有没有把握呢？”邵式平问。

“我已经派人侦察过了，那里的地方武装战斗力很弱，我们可以来他一个出其不意，用突然袭击的办法，取胜还是有九成把握的。”周建屏又将侦察得来的情报，向方志敏、邵式平做了详细汇报。

方志敏、邵式平、周建屏三人经过仔细考虑、讨论后一致认为，瓷都景德镇系江西名镇，攻下此镇必将扩大赣东北党和红军的影响；消灭景德镇的敌人，有利于开辟赣东北根据地，建立乐河、昌河流域苏区；而且拿下素称“江南钱柜”的景德镇将补充红军的装备，并为苏区经济筹集一批款子。

意见取得一致后，马上就着手进行准备。方志敏派人与景德镇附近的里村党组织进行联系，请他们协助。周建屏又派人侦察了进军的路线，一切安排就绪。

1930 年 7 月 5 日清晨，周建屏在弋阳芳家墩集合红军一千余人，接受军委主席方志敏的检阅，作了简短的战斗动员后，便踏上征途。一路急行军，中午到达段家。周建屏命令停止前进，让战士打铺休息，并令后勤人员杀猪宰羊，准备做好饭菜，让大伙饱餐一顿。

他自己却拖着极度疲惫的身子仔细研究刚刚找来的敌人报纸，进一步分析景德镇的敌情。

饭后大家足足睡了一夜，正准备出发，却得到团部通知：“继续休息。”几个连长都来向周建屏请示：

“该出发了！”

“时间还早嘛。”周建屏回答。

“那要等到什么时候？”

“等一等那些保安队的‘开斋日’……”

战士们当然不懂什么叫“开斋日”，周建屏只好向大家说明原委。

原来，周建屏根据侦察员的汇报得知驻守景德镇的官兵纪律涣散，生活极其腐化。特别是星期六晚上到星期日这段时间，是保安队、警察队的公开“开斋日”，除了衙门里留个站岗的哨兵外，其余的人统统都跑进赌场、大烟馆和妓女院。整夜地狂嫖滥赌，大吃大喝。有的就睡在妓院、赌场，有的玩到天亮才回营房睡觉，一直要睡到过午以后才起床，每个星期都如此。周建屏掌握了他们的这种生活规律以后，决定利用敌人纸醉金迷、防守松懈的机会，来个突然袭击。

红军战士们又一觉睡到下午三点，起床饱餐一顿，才准备出发。临行，周建屏向战士动员：“现在，我们距目的地景德镇还有 120 里，到明日拂晓前必须赶到……”

为了掩人耳目，将红旗换成了“青天白日”旗，部队番号改成安徽省剿匪保安团。化装就绪，这一支队伍开始浩浩荡荡向前赶路。

这天晚上，偏偏天不作美，顷刻间阴云密布，雷电交加，一场大雨倾盆而下，平地水深几寸。战士们被淋得浑身透湿，有寒意袭人之感。深夜遇此大雨，再加天黑路滑，给行军增加了不少困难。战士们泥一脚水一脚，步行近百里，赶到昌江南河岸边。只见河水猛涨，无法涉水，只有绕道。为了赶在拂晓前抵达景德镇，周建屏命令部队跑步前进。夜幕中，周建屏纤瘦的身影，时而出现在队伍的前头，时而出现在队伍的后头。红军战士们看到团长不顾自己患有疟疾经常发烧的身体,和战士们一道冒雨行军，更加精神抖擞。在黄泥头，方志敏、周建屏和特委书记唐在刚、景德镇地下党的同志及部分工人群众，进一步研究了攻城方案。

各路红军战士，全部照原定时间到达景德镇的外围。他们按原计划分成了八路，分别选定了自己的攻打目标。

为什么要分八路呢？这是周建屏事先安排好的。因为他已经得知镇上驻有两个保安队，一队在镇内的“翔北书院”，二队在县衙内，合起来有三百多人。另外还有警察队、警察分队等，共分八处。这样，红军也得分成八路来对付。

里村党组织已将全部党员组成一支向导队，按事先通知，向导队也分成八组，分别到指定地点，去跟独立团的八路战士接头联系。

启明星已经升起，东方开始发亮。各路红军战士走小路串僻巷，已接近敌人的几个据点……

黎明时的景德镇，四周静悄悄，除了少数几家厂房发出疲倦的机器转动声外，一切都还在沉睡中。

县衙的黑漆大门关得紧紧的。一拃厚的榆木门扇，用铁叶包裹着，那馒头似的黄色蘑菇钉，在门顶那盏昏黄的电灯下，发出闪闪的亮光。门两边是一堵高大的砖墙，门砸不开，墙翻不过，怎么办？

一百五十多人的一个保安队，就住在离头道大门不远的第一进院落里，他们是专门保护县衙的。如果一拖延，天一亮就容易被敌人发觉，那可就麻烦啦。幸好保安队夜间在大门外未设立岗哨，红军战士有较从容的时间设法翻越围墙。起初想寻找梯子，一时找不到，两个战士爬到墙外的一棵树上。树离墙太远，还是不能上墙。树下的战士扔上一条绳子，拴在树枝上。树上的战士手握绳头，脚蹬树干，像荡秋千似的，用劲向墙这边一荡，便攀住了墙头。另一战士也用同样办法，翻上了墙头。

敌人设在院里的一名岗哨，正在大门洞里坐着打盹。两名红军战士扑上去，先用手巾堵住他的嘴巴，又从敌哨身上摸出了大门的钥匙，打开了大门。

红军战士悄悄冲进来，扑向保安队的营房。闯进房内，只见墙上挂有不少的武器，床上稀稀落落地躺着几个保安队员，睡得像死猪一样。红军战士首先缴获了枪支，再将俘虏一个个捆住，锁在屋里。

一排十来个房间就这么解决了。有的保安队员醒来了也没敢还手，有的想溜又被捉了回来。最后一个屋没有搜查，有个副队长值班，临时住在这个屋。有一个保安队员醒来，听到前面有动静，便起身悄悄来到副队长床前，紧张而小声地喊：“队长，快醒醒……”

恰好这时，周建屏和战士们一起，已赶到了县衙门口。他没进敌人的营房去抓俘虏，却在大院内巡视。那个保安队员喊队长快醒的时刻，周建屏恰好经过这个屋的门口。他毫不犹豫地一脚踢开房门，闯进屋来……

那个保安队副队长迷迷糊糊地爬将起来，正准备伸手往枕头底下去拿手枪，枪还没摸着，只听一声大喝："不许动！"他伸出的手，顿时像抽筋似的缩了回来。周建屏的几名随员，跟着也闯进屋来，一下子便收拾了这个屋里的所有敌人。

解决了保安队，战士们才冲进最后面县长的卧室，活捉了县太爷和他的姨太太。

周建屏在县长办公室的抽屉里发现了一件未拆封的报密信。他拆开一看，信里写着，在段家附近发现一支可疑的队伍，从行迹看有点像红军，可能是去攻打景德镇的。信末写着："务必加强防守，千万不可疏忽大意！"

这封报密信究竟是谁写的呢？他又怎么发觉了我们红军的行动呢？为何县衙里的人仍然如此疏忽？原来红军驻扎乡墩段家那一夜，被一豪绅看出破绽，在红军出发前即派人将密信送走。送到景德镇的时间正是星期六晚上，衙门里的上上下下都忙着去享受他们的"开斋日"了。送信人不能直接送到大堂之上，只能给门口值班的队员说明："这是一封紧急的重要密信，望速转呈！"信能传进去就算不错啦，紧急不紧急，就没人管它了，正好碰到有个办事人员还没走，因此就被当作一般信件，塞进了抽屉，准备到星期一上班时再拆看的。

周建屏心想：多险啊！要是这封告密信及早送到，

后果真不堪设想啊！

其他各路红军战士也顺利地夺取了各自负责攻击的敌人据点。到战斗全部结束，都未放一枪。红军共缴获了四百一十三支枪，俘虏了四百多名敌人。

天亮后不久，镇上那些被称为“三尊大佛”“十八罗汉”的土豪劣绅、贪官污吏也大都落网，他们交出黄金、白银和股票，总共价值三十多万元。奇袭景德镇，成为赣东北红军关键性的一次胜利。为了扩大苏区，红军打下景德镇后，迅速开展群众工作，成立了景德镇临时苏维埃政府，取缔危害人民的赌馆、烟馆、妓院，帮助建立了地方政权，动员当地工人参军，接收新兵一千余名。

红军驻城六天，战士们换上新军装，戴上银质红五星，军容焕然一新。全军上下，军纪严明，秩序井然。尤令市民叹服的是千余红军，上自团长，下至战士，竟没有一个吸纸烟的，这不能不说是二月整军的硕果。

红十军军旗

红十军宣传画

独立团乘胜前进的途中，不断有农民投奔红军。湖口那支农民武装也加入了红军队伍。不久，独立团连克都昌、波阳数县。红军发展到四千多人，枪支也增加到八百多支。赣东北的革命力量，迅速得到发展。

红军打下景德镇后，信江特委和赣东北特委召开联席会议，唐在刚传达了党的六届二中全会精神。会上对目前的形势和任务展开了激烈的争论。一部分坚持“左”倾错误的人认为全国革命高潮已经到来，赣东北的反动势力已经走到势败力穷的境地，全面暴动的时机已经成熟，为了执行全国暴动的总计划，应该扩大红军，占领九江，截断长江，配合毛泽东、朱德夺取南昌，会师武汉，争取一省或几省的首先胜利。方志敏等认为九江是全国重镇之一，水陆交通方便，敌人驻兵甚多，数千红军远离根据地，越湖作战，恐有覆灭的危险。在方志敏等人的力争下，红军独立团返回弋阳芳家墩休整。

唐在刚根据中央指示，改组了信江特委，重新组成赣东北特委。由于特委改组，最后通过了红军向九江、湖口出击的决议。

周建屏进入赣东北后，一直担任信江特委、赣东北特委以及后来省委的委员。他深知在敌强我弱的情况下，劣势装备的红军越过鄱阳湖去攻打九江将产生什么样的后果。会上他坚决支持方志敏的正确意见，但在组织上又不得不服从党的决议。

休整后的红军独立团，经特委批准扩编为江西红军独立第一师，师长周建屏，政委胡定铨。独立师随即向九江、湖口方向进发。

方志敏看到经过几年才组织起来的关系到根据地生死存亡的红军去执行冒险主义的计划，心情非常沉痛，在部队临行前，他再三叮嘱周建屏要相机行动，胡定铨初到，不了解情况，前线军事仍由周建屏负责。

红军独立师冒着酷暑出发了，从鸬鹚埠渡过乐河，周建屏指挥大队压向乐平，在拂晓时一口气拿下县城，缴获枪支二十多支，捉获并处决了德兴、余干、乐平三县靖卫团总团长蔡子贻。红军在乐平住了七八天，筹集了一批款子，并帮助乐平县委、县苏维埃政府从德兴县尚和张家迁回县城。

1930 年 8 月 29 日，红军直进波阳县。师部驻在外国人办的耶稣教堂里（国民党飞机不敢轰炸外国人的教堂），在这里缴获了外国人办的一所医院的大批医疗器械和药品，还缴获了外国神甫的三匹洋马和一匹大骡子。周建屏把那匹又高又大、全身棕红的骡子，连同马夫（一位贫苦的中国人）留了下来。此后，大骡子托着周建屏跋山涉水，南征北战，成为周建屏的一件心爱之物。在波阳住了个把星期，红军没收了一些店铺，筹集了一批款，给穷苦百姓发了一些布匹，还帮助建立县苏维埃政权。

刀光闪闪

1930 年 9 月 4 日，周建屏将部队集结在湖口县江桥一带，准备夜袭湖口县城。独立师师部和一旅驻在离县城十余里的江桥镇上，担任主攻的四旅布防在二甲吴村一线，七旅警戒在都湖路上。

周建屏在行军途中患了疟疾，每日发一次高烧，几天吃不下饭，面容更显得消瘦了，但他并未停止工作。他知道，眼下四千多名红军战士由他负责指挥，一步迈错了，就会遭到重大伤亡，甚至全军覆没，这是赣东北苏区的全部武装力量，这是党和人民对他的信任与重托。当时，他不仅要与强大的敌人进行战斗，而且要用坚强的意志与病魔进行斗争。

部队经过一夜行军，天明才到达驻地，待各旅寻好住处，吃过一顿饭，天也就过午了。刚休息两个多小时，突然听到四旅驻地的湖口方向有枪声。开头只听到断断续续的几声，随即便响成了一片，不用侦察亦能判断出，四旅已与敌人干上了。

原来，敌人欲调大军到苏区“围剿”红军，却突然在湖口发现红军主力，国民党江西省主席鲁涤平得到这一情报后，立即从南昌调出一个警卫团，与宋子文驻南昌的一个缉私营，同时纠集了彭泽、湖口等几个县的保安队、警卫中队，警卫团首先向驻在湖口的红军四旅发起攻击，四旅全体战士奋勇还击，战斗进行得十分激烈。

敌警卫团与缉私营全部是新式装备，什么英国马枪、美国最新自动步枪，还有各种样式的轻重机枪。而整个独立师却只有一挺轻机枪，一门没有炮弹的迫击炮。因敌我力量悬殊，四旅抵御不了敌人的进攻，便退至一旅和师部驻地缸桥。

这时，敌人的全部兵力已尾随赶到了缸桥附近，企图从四面八方包围红军。敌人猛烈的炮火打得缸窑里的瓷缸当啷啷响，瓦砾满天飞。整个缸桥镇淹没在炮火连天烟雾弥漫之中。

缸桥这个地方是敌人占领的白区，红军初来乍到，还未来得及发动群众。独立师是孤军奋战，既无兄弟部队支援，又得不到群众的支持。在这紧急时刻，师长周建屏分析了敌我双方情况，便当机立断，率领部队抢占缸桥镇郊外的一个山头。刚出镇一段路还比较平坦，渐渐靠近山脚的道路越走越狭窄，且高低不平，车辆无法前进。机炮连连长向周建屏请示："是不是扔掉这门笨重而又没炮弹的迫击炮？"周建屏看看战士们有些着急，便平静地回答："同志们不要慌，我们还有足够的时间，可以将大炮及军用物资带上山去。不能拉着走，我们把它扛起来。"他说完便抢上前去，跟战士们一道扛起了这门炮。他一边向山上爬，一边嘱咐战士："同志们，沉住气，我们一定会抢在敌人头里的！"周建屏从容镇定的神情，使所有战士受到很大鼓舞，一鼓作气抢占了山顶。

周建屏登上山顶的最高处，用激昂而洪亮的声音向战士们作动员："同志们，这一仗我们要坚决打胜，我们是一定会打胜的！……"敌人一颗炮弹落到离他不远的地方，他好像没有看见一样，继续用他那充满着胜利信心的话音在讲："一定要守住山头！坚决打退敌人的进攻！上好刺刀，准备拼刺！"

敌人的几次进攻，都被英勇无畏的红军战士打退了。战士们的弹药已经打光，眼看敌人正在组织新的冲锋，大家都慌了，忽听周建屏大喊一声："同志们，掀石头！"

咕咚咚……哗啦！山顶上的大石头飞滚下来，大石块滚到半山，跟别的石块相击，哗啦一声，像一颗炮弹爆炸开来。这一座树木稀少的秃顶山头，四周都是飞滚的石头，加上敌人炮弹的烟雾，好似火山突然爆发，岩浆石块喷个不断……冲上半山腰的敌人，有的被砸死，有的被砸伤，剩下的只好抱头鼠窜，退回山下。

这一来，敌人得知红军已没有了弹药。他们还欺负独立师没有援兵，更大着胆子又一次围攻上来……

远远望去，敌兵像漫山遍野的羊群，黑压压，齐崭崭，如海潮一般涌上山来。突然，在他们的背后乱起来了，接着便听到了喊杀声，叮咣叮咣的刀枪声……

真如百万神兵从天而降，无数明晃晃的梭镖，亮闪闪的大刀，一下扎到了敌人的屁股后头。

原来是驻防都昌边境的红军七旅赶到了。他们不响炮也不打枪——因为没炮也没枪。挥舞着他们仅有的武器——梭镖与大刀，猛扑上来了。冲在头里的那位光着膀子的勇士，就是七旅的旅长强荣海，人称强拐子。

山顶上的一、四旅，早已发现了自己的援军。顿时精神抖擞，士气高涨，只听一声呐喊，山上的勇士们也端着上了刺刀的步枪冲杀下来。两面夹攻，猛砍猛杀。双方展开了一场惊心动魄的白刃战。只见刀光闪闪如银蛇飞舞，满山发亮，眼花缭乱。

枪炮已经发挥不了威力，最厉害最有效的武器就是刺刀与梭镖。那些手握马枪的敌兵，在闪闪的刀光下，一排排倒下去，横七竖八躺倒在山坡的四周……

说来也怪，周建屏指挥他的战士们，如猛虎扑食似的冲向敌人，投入消灭敌人的白刃战，以往这个时辰正是他的疟疾病发作时间，说来也怪，今天疟原虫似乎停止了捣乱，周建屏的病根本没有发作。他健步如飞地从山坡上下来，拾起一位已经牺牲了的战士的步枪，和别的战士一起，纵身一跃，扑向敌人……

敌人前后受到夹击，已开始溃退，并设法突围了。手提马枪的缉私营，企图从一块洼地上逃走，却被梭镖旅的战士紧追不放。敌人慌不择路，一下陷进了两尺多深的泥沼，战士们拥到了他们的胸前，只好乖乖地举手投降。手持自动步枪及国产快枪的警卫团，滚的滚，逃的逃，已溃不成军。有一股逃到江边，见后面红四旅的战士追了上来，扑通通，掉进江里，淹死好几十个。那些警卫中队和保安队员，更是吓得丢盔卸甲，扔掉他们手中的武器，抱头鼠窜。

周建屏指挥各旅，分地片打扫战场。此次战斗，红军虽然伤亡一百多人，但反败为胜，活捉了敌警卫团团长张超（未被认出，后混在俘虏中逃脱），缴获美国造骑枪四百余支，美国造自动步枪两支，重机枪四挺，子弹、手榴弹无数，严重挫伤了反动派的锐气。红军战士看到缴获了这么多新式武器，乐得合不拢嘴。红军用这些武器装备了一个机炮营。战斗中还缴获了张超的望远镜，这副望远镜从此就形影不离地跟随着周建屏，成为他视察敌情、指挥战斗的帮手。

独立师的全体指战员聚集在缸桥镇一块空旷的场地上，以旅为单位，排好了整整齐齐的队伍，等待着首长讲话。这场激烈的白刃战，不仅治好了周建屏的疟疾病，而且使他显得分外精神焕发。他站在队伍前面，登上码起来的一堆弹药箱，用他那犀利的目光，亲切地望着战士们，声音洪亮地说：

“同志们辛苦了！”

“首长辛苦了！”战士们的回声震荡山谷。

“感谢同志们的英勇奋战，夺得了这一次战斗的胜利！……”他鼓励了大家一番，又简要地报告了战绩。这时，镇上的群众送来了许多慰劳品，挑来了开水，送来了饭食，于是他便宣布就地休息、进餐。

战士们有的高高举起浅黄色的自动步枪，有的抬起崭新的黑色机枪，喜滋滋地手舞足蹈，边跳边唱，好似举行一个欢庆胜利的大会。他们唱着一首自己编的歌：

土枪生儿子，梭镖下了马。
挎起花轮枪，骑马打天下。
……

这个时期，特委的冒险主义计划不但没有改变，反而加速了贯彻。1930 年 9 月上旬，独立师接到返回根据地的命令。周建屏在江桥战斗一结束，立即率师满载战利品撤回根据地，进入乐平众埠街。根据赣东北特委 7 月 22 日决议，独立师进行整顿扩编，正式成立红十军，周建屏任军长，政委由前委书记邵式平担任，原独立师编为红十军第一师，下辖一、四、七共三个旅，一旅旅长晏文清，四旅旅长龙志光，七旅旅长匡龙海，三个旅共六千余人，各种枪一千六百多支，系红十军主力。此外还有由赣东北各县地方武装一百个连编成的新兵师，由闽北独立团编成补充师，全军三万人。

根据部署，刚编就的红十军主力第一师在周建屏、邵式平率领下，又踏上了第二次出击赣北的征程。10 月 6 日，红十军又占领波阳。尔后，周建屏撇开驻有重兵的都昌、湖口，挥师北上。

智取彭泽

缸桥大捷之后，军威大振。红军独立师开至都昌、景德镇之间休整。忽然接到方志敏派人送来的一封急信，信中命令红军独立师率部准备攻打彭泽。

彭泽在长江南岸，是江西北部边境的一个重镇，距独立师目前驻地二百余里。时间紧迫，不容耽搁，部队即刻整装出发。

在智取景德镇和缸桥痛歼敌人以后，敌人胆战心惊，把守各个县城的靖卫团、保安队之类的人，都龟缩在城内，紧闭城门，时刻提心吊胆，唯恐红军前来攻城。所以，红军在这一带不管朝哪里走，都畅通无阻，再没有人敢出来捣乱。只是常常受到敌机的袭击，敌人每天从南昌方面派来几架飞机，飞来转去，一面侦察红军的行动，一面企图进行骚扰。

这一带沿途多是山地，山上树木葱茏，绿荫如盖，敌机飞来时，红军就吹起防空号，战士散在大路两侧的树丛中隐蔽起来。一天当中不定要遇上几次这种情况，敌机来的架次不等，既有一架的，也有两三架或四五架一起来的。发现了什么可疑的目标，就用机枪扫射一阵，或扔几枚炸弹。

第二天一早，敌机前来侦察骚扰得更加频繁了。周建屏命令部队提高警惕，注意敌人的动静。因为这里已接近敌人把守的长江岸边要地彭泽，敌人在这一带部署了强大的兵力，而且还正在继续向这里调兵。

这一天，天气晴朗，万里碧空无一丝云彩。九点多，红军行进到一个地势开阔的地方，大路两旁没有树木，也没有可以隐蔽身体的庄稼或别的什么隐蔽物，只有一片空旷的草地。战士们望望蓝湛湛的天空，心里想在这个地方可不要遇上了敌机，因为实在无法隐蔽。谁知偏偏在部队全部进入这块开阔地以后，听到了飞机的引擎声，而且声音响得重，响得乱，说明架数不会太少。

司号员举起了系着红缨的铜号，放在嘴边，正要吹起紧急防空号令时，周建屏马上向他摆摆手，阻止他吹。而且立即发出命令：队伍保持原状，不准散开，不准停歇，继续前进！

七架敌机由鄱阳湖方向飞来。有不少战士习惯了进行防空，身不由己想要散开，却被别的同志提醒："不准散开，继续前进！"但是，他们都不明白，平时只嫌防空动作不迅速，担心暴露了目标，今天目标这么大，为什么却不许防空，而要继续前进呢？七架敌机若是轰炸扫射起来，怎么办？我们该要遭到多大的损失，战士们都纳闷得很。

敌机已经飞到头顶了，围绕着独立师这浩浩荡荡的队伍，盘旋起来，而且飞得很低，真像要进行轰炸、扫射的架势。

周建屏又一次发出命令：不许散开，不许停留，继续前进！

幸好红军平日训练有素，纪律严明，他们一时虽然没懂得为什么，却仍然很好地执行了命令。要不然，在这种情况下早就乱套了。

敌机并没有飞远，到别的地方转一圈又飞来了，仍然在红军队伍的头顶盘旋，没有轰炸，也没有扫射。就这样一直跟着红军的队伍，一会儿飞开，一会儿又飞来，好像舍不得离开，却又不知该怎么办好。就这样跟踪飞行了半天，红军队伍一直大模大样地行进。时近中午，敌机才飞走了。

战士们这才明白了：这是周建屏军长给敌机以错觉，让他错把红军当成了自己人，至少让他分辨不清，使他不敢乱轰乱炸。

有的战士说："咱们军长的那匹马，就没打立蹄，一直是朝前咴咴地叫，这就说明没事嘛！"也有的接着说："那是周军长打着他的马一直向前奔跑哩！"原来周建屏骑的一匹棕红色战马，战士们传说这是一匹龙马，它可以日行千里，翻山涉水如履平地。每次上战场，一些战士就瞅着军长的战马，看它咴咴一声喊叫，撒开蹄飞奔向前，他们便马上跟上去，一边互相喊着："冲吧，没错，这次胜利又是我们的！"如果战马飞起前蹄，打个站立，然后拨头向后咴咴一叫，战士们便会说："大概要撤退或转移了。"好像战马也懂得进与退似的。实际呢，战马是受着主人指挥的。

部队行至湖口彭泽交界的地方，休息几个钟头。天快黑时，才朝彭泽城移动。

彭泽城紧靠长江南岸，三面环山，一面临水。因为它的地势险要，易守难攻。敌人派一个师的兵力驻在城内与城的四周，城外的山上都修筑了较为坚固的碉堡。它与红军已夺得的所有城镇比起来，这是最难攻取的一处。

周建屏在朦胧的夜色里，亲自观察了城四周的地形，回来后又跟师旅领导同志一起详细研究了攻城办法。同时，命令部队休息一天，做好攻城的准备。

第二天，周建屏选拔数名彭泽当地的战士，向他们交代了一项任务：到城内某街某号寻找地下党组织，要求他们协助红军准备夜里攻城时必需的东西，届时到指定地点接应。……细致交代完以后，几名战士分别打扮成商人模样，都于天黑前混进彭泽城内去了。

另外，又选拔出五十名战士，组成“敢死队”，配备了最好的武器，于二更天，分两路出发。恰好这一夜阴云密布，星月无光，天黑得伸手不见五指。战士摸黑绕过敌人的碉堡，爬过城外的高山，于三更天准时来到城下。

城墙古老破旧，砖被风化得坑坑洼洼，墙上都长了茅草与小树。城四角与四门顶上都修有岗楼，因为城周设有不少碉堡，城头上一夜只派人巡视一两次。“敢死队”按照规定的时间午夜零点，对着城墙划燃两根火柴……不一会儿，城头也同样晃过两次火光。工夫不大，有几条大绳从城头垂下。战士们肩挎武器，手抓大绳，一个个陆续登上城头……

十人组成一组，沿僻静小街，奔向西门。另四十名战士直扑敌人师部……敌人做梦也没想到，这座把守如此严密，一向被认为是“固若金汤”的要城，红军会突然无声无息地从天而降。待他们的士兵从梦中惊醒时，他们的指挥部已经被捣毁了。师部的重要官员一人未剩，全部消灭。几乎在同一时间，城外红军由西门长驱直入。城内敌军见大势已去，企图逃跑，却被红军截住了，只好进行顽抗。双方展开了激烈的巷战，城内外枪声、炮声响成一片，乱成了一锅粥。

城外围的敌人与此同时也遭到了红军的攻击，成了泥菩萨过河，自身难保，哪里还敢进城去援救，只管各自逃命。战斗进行到次日天亮时，这场夺取重镇的鏖战才全部结束，敌人除大部被歼外，所余残部已乘船从江上逃走。

太阳出来了，照得江面波光闪烁。这时隐隐约约，又听到了飞机的引擎声。周建屏派人将一面红旗插上城外临江的一座山头。旗子又大又红，分外耀眼，像一支火炬熊熊燃烧在空中，几十里以外都可以看得见。

红军独立师驻扎彭泽城内，封锁了长江。反动派由上海、南京开往武汉及长江上游的船只，再也不敢从这儿航行。在短短不到五天的时间内，独立师不但攻下了敌人要镇彭泽，而且切断了长江天险。

蒋介石在南京听到这一消息，大为震惊，红军居然把长江都截断了，这还了得，于是派海、陆、空三军进行反扑。海军由上海起程，沿长江溯水而上；陆军由武汉开来，沿长江顺水而下。两路兵马，分别行至离彭泽三四里远的地方。敌人远远看到那一面高高飘扬的红旗，上下都停下来，支起大炮，先朝那座插有红旗的山头进行猛烈炮击。反动派分析那插有红旗的山头，一定是红军把守的阵地，也自然是应该受到攻击的目标。

炮火也着实猛烈，上百发、上千发的炮弹落在这座山头上，落在这杆红旗的四周。大炮刚停下来，接着几十架轰炸机又轮番狂轰滥炸，整整炸了一天，天黑了才停下来。不知是没有打准，还是红旗的旗杆太坚固，它经受了这数千发炮弹、炸弹轰击的考验，却依然高高挺立在那座山头，鲜艳的红旗一直在炮火中猎猎飘扬！

驻扎在彭泽城里的红军战士，亦安然无恙。

10月底，周建屏率军攻下山城秋浦，筹集了一笔款，并带回一百多名中学生到根据地学医当护士。

周建屏、邵式平率红军出击赣北三个月，常分兵去发动群众，开展土地革命，所到八县大部分地方都成立了苏维埃政府。在军事行动上，打到鄱阳湖边，攻击了九江，攻占了景德镇、波阳、彭泽、马当、秋浦、乐平等城镇。这一胜利局面的出现，主要原因是率军出击的红十军领导人周建屏、邵式平抵制了李立三的冒险主义，坚决支持并实施了方志敏的正确主张，从而避免了赣东北红军的重大损失，并为后来赣北苏区的开辟奠定了坚实的基础。

1930年11月，国民党反动派开始了对各革命根据地的第一次全国性“围剿”，进犯赣东北根据地的国民党正规部队三万余人已大兵压境，横峰、上饶、玉山、广丰、铅山五县靖卫团乘红军主力远离根据地之机开始进攻，闽北苏区和铅山、上饶、横峰部分苏区遭到严重摧残。方志敏等决定红十军回师根据地。

周建屏、邵式平指挥部队火速赶回根据地，进攻万年县城未克，与国民党军第五师遭遇战于珠仙桥，激战一场，主动撤出战斗，穿过苏区，出敌不意，急奔上饶，第二次攻克上饶城。歼灭上饶等五县靖卫团，缴枪百余支。

第三天，周建屏、邵式平又以迅雷不及掩耳之势直取河口，与敌激战四小时，全歼敌军新编十三师李全坤团，生俘三百余人，缴获机枪三挺，迫击炮四门，步、手枪四百余支，军威大振，扭转了根据地一度慌乱的现象。

河口大捷后，周建屏率红军采取“声东击西，避实击虚”的游击战术，与敌周旋一阵后，将敌第五师大部诱入弋阳七星尖，打了个漂亮的伏击战，歼敌三百多人，与各县地方武装一道将敌人驱出根据地，胜利粉碎了敌人第一次大“围剿”。

1930 年底，涂振农以中央特派员名义来到赣东北，召开赣东北特委扩大会议，传达六届三中全会精神，批评李立三“左”倾错误。在军事上，将三万人的红十军缩编为一个师三个团，保留四千余人，实行一人一枪正规编制，遣散新兵师，调闽北独立团回闽北，并由涂振农接替了邵式平红十军政委的职务。

1931 年 2 月，蒋介石发动了第二次全国性“围剿”。担任红十军政委的涂振农面对敌人的“围剿”恐慌动摇，认为赣东北红军无力抗击敌人，主张拉到中央苏区去，两个多月了一味避敌。“大仗打不胜，不能打，小仗又不愿打”，几乎未打一仗。对于涂振农逃跑主义的错误，方志敏等人做了坚决的斗争，经请示中央后，撤销了涂振农红十军政委职务。方志敏交代了苏维埃政府的工作，于 4 月初暂代红十军政委。

方志敏到红十军工作，极大地激发了周建屏的革命热情，他俩在葛源进行了短暂的整军后，获悉国民党军十八师一个团孤军深入贵溪周坊建造炮楼，决计收拾他。周建屏与方志敏详细研究了敌情后，立即带领红十军一个团进入贵溪，伺机打击敌人。

4 月 8 日，周建屏将部队埋伏在丁家坊山上，在群众支持下，伏击下乡抢粮的一连白军，歼其四十多人，缴枪四十余支。战斗结束后，周建屏分析敌人将送伤兵到贵溪县城区，决定再打一次伏击战。4 月 9 日，周建屏将部队转移到苟里源，一次伏击，又俘敌三十余人。10 日，红军部队拉至余江横山一带,乘胜歼灭国民党保安团一个营。红军三战三捷。

此时，进攻赣东北根据地的敌五十五师、第五师已构成包围圈，正到处寻找红军主力决战，企图一举歼灭红军。为避其锋芒，挫其锐气，赣东北省委决定由方志敏、周建屏率领红十军开往闽北作战。

一进闽北

在方志敏、周建屏的率领下，红十军进军闽北，每战必捷，有力地粉碎了敌人的“围剿”，建立了红十军声威，奠定了闽北苏维埃和红军发展的坚实基础。

闽北苏区

闽北，地处闽浙赣三省交界，武夷山脉绵亘其间。境内奇峰耸峙，山高隘险，世称“八闽屏障”，在革命战争中具有重要的战略地位。

早在第一次大革命时期，具有光荣革命传统的闽北人民，在党的领导下，就开展了革命运动。大革命失败后，1928 年 9 月，在共产党员徐履峻、陈耿领导下，举行了闻名的“上梅暴动”，建立了革命武装——民众队，开辟了以崇安为中心的闽北革命根据地。

1930 年，闽北党组织根据中共福建省委的指示，利用福建军阀刘和鼎、卢兴邦混战的有利时机，大力发展革命武装，扩大革命根据地，建立工农民主政权。这年一月，在各县民众队的基础上，成立了拥有一千多人的中国工农红军第五十五团，又称闽北独立团。4 月 12 日，首先在崇安坑口成立了崇安县革命委员会，区、乡建立了 234 个乡苏维埃政府和 18 个区苏维埃政府。5 月 1 日，召开了崇安县第一次工农兵代表大会，建立了县苏维埃政府，选举产生了人民、土地、军事、裁判、经济、财政、文化等七个委员会，制定了土地法和其他一系列革命法令，开展了轰轰烈烈的土地革命运动。与此同时，一大批地方群众武装“赤卫队”“武装少先队”和群众团体“反帝拥苏大同盟”“妇女解放委员会”“互济会”“雇农工会”等也相继成立。同年 7 月，闽北红军独立团已发展成为两千四百人的队伍,同时还成立了红军教导团。这时，闽北苏区已拥有十多万人口，包括崇安、浦城、建阳和江西的上饶、铅山、广丰等县的部分地区。闽北与赣东北苏区呼应，西与中央苏区相望，成为中央苏区和赣东北苏区联系的桥梁。从此，不仅是敌人包围我们，我们也在包围着敌人。

正当闽北革命斗争蓬勃发展之时，由于李立三“左”倾机会主义路线的影响，给苏区带来极大的危害。

李立三“左”倾机会主义者对于当时正在发展的革命形势做了过分夸张的估计，通过了《新的革命高潮与一省或几省的首先胜利》的错误决议案，采取取消地方武装，不要革命根据地，将全国红军集中起来攻打大城市的冒险行动。命令“闽北红军五十五团调往赣东北”会合江西红军“迅速攻占九江，以配合朱、毛夺取南昌，配合全国夺取政权”，同时通知闽北党划归赣东北省委领导，并将长期在闽北指导工作的杨峻德调回福建省委，削弱了闽北党的领导力量。1930 年 9 月，闽北红军五十五团和教导团在崇安县星村集中整编，除留下两个赤色警卫连、四十多支枪外，其余一千多人、五百多支枪都调往赣东北，与赣东北红军独立团会师，整编为红十军，去攻打九江。

国民党反动派见闽北红军不多，便趁虚而入，派遣驻建阳、浦城、邵武、光泽一带的省防军钱玉光旅，配合江西铅山、上饶一带汤恩伯部胡其三、马励武两团，共两万多兵力采取南攻北堵，东西夹击的战术，包围闽北，封锁交通。敌人所到之处，烧杀抢掠，无恶不作。各地逃亡地主、豪绅也纷纷还乡，组织反动民团，向苏区人民反攻倒算。凡是有“通共产党”的一律烧村毁房，仅车盘坑一带，就被烧二十多个村子。敌人还组织“清共委员会”，在各乡建立联环保，逼迫群众签名画押，参加“大刀会”“靖卫团”，妄图割断红军与群众的紧密联系，消灭红军，摧毁革命根据地。

面对敌人的进攻，闽北党领导人民进行顽强的抵抗。新组建的闽北独立团（仅一、四、七共三个连，四十多支枪）配合地方武装，抵御了敌人多次进攻，消灭了许多敌人。但因敌众我寡，闽北苏区各乡镇几乎全被敌人占领，只剩下深山里的几十个小村落。这时红军粮尽弹缺，环境恶劣，一些人发生动摇，闽北苏区处于危急之中。

为了粉碎敌人的围攻，闽北分区委派人化装成铁匠，突围出去，到赣东北省委要求派兵援助。

周建屏、方志敏待红军做好充分准备后，1931 年 4 月 27 日，红十军从江西横峰县铺前街出发，从上饶渡过信江，开始了闽北之行。

为了迷惑和调动敌人，红十军一小部和赤色警卫师由邵式平率领向浙赣边境出击，攻克了地处浙江开化和常山之间的华埠镇，全歼敌保安师一个营。敌人误以为红军主力部队向浙江方向移动，急调重兵尾追而去。在这同时，红军主力出敌不意，挥师南下，直插闽北。

红十军经上饶渡信江，出石溪，当天首战铅山石塘街，消灭守敌一个靖卫团，俘敌百余人，缴枪八九十支，当晚在石塘宿营。第二天，越过温林关到达崇安境内，趁势拿下坑口。4月底，赣东北红军与闽北党和独立团会师桐木关。

攻克长涧源

长涧源是敌人扎在闽北根据地里的一个重要据点，它离根据地的中心地带很近，严重威胁着苏区。

5月初，红军与固守在长涧源的卢兴邦匪徒展开激战。

红十军由坑口抵长涧源时，已是黄昏。部队立即把长涧源包围起来，歼灭了一部分敌人。

其余敌人躲进一座由庙宇改建的大碉堡里，外面是一片开阔地。他们凭着地形有利，碉堡坚固，弹药充足，不停地向外射击，使红军难以逼近。

第二天，红十军组织“敢死队”又进行了几次冲锋，终因地形不利，仍然没有攻下，部队还有些伤亡。

战斗打响之后，周围村子的先锋队、赤卫队、青妇队都热烈地配合作战。有的替红军当向导、运弹药，有的烧水做饭、抬伤员。群众的大力支援，更坚定了红军指战员歼敌的信心。

当天傍晚，方志敏和周建屏深入到前沿阵地，察看地形，重新研究了破堡方案，改明攻为暗攻，最后下决心指挥部队挖地道用火攻拿下长涧源。于是派出一部分战士接近敌碉堡附近的破屋，先竖着挖一两米深，然后朝着敌碉堡挖去，挖出来的泥土堆在屋子里，外面一点看不出动静。只时而放几下冷枪，敌人竟以为安然无事了。

第三天拂晓，红军已将地道挖通，并将许多破布、麻袋、干柴浇上煤油点着。顿时，敌人碉堡里乌烟弥漫。因碉堡隔成前后两间，红军挖通的只是后半间，敌人慌忙躲到前半间，乱成一团。红军弄清情况，便迅速把前半间也挖通。不一会儿整个碉堡火焰蒸腾，敌人再也守不住了。楼上敌人用竹竿挑着白布从窗口伸出来，并纷纷把枪支往下扔，高声喊叫饶命。另一小伙敌人企图突围，刚一冲出来，就被红军消灭了。

乘胜取赤石

红军乘胜追击，先后消灭了黄柏、谷前的白军和靖卫团，随后又袭击赤石街。

赤石，距崇安县城南十几里，是闽北一个要镇。赤石物产丰盛，商业繁荣，是著名的武夷岩茶的主要集散地，有“小上海”之称。这里的守敌是伪福建海军陆战队林秉周旅。赤石一面临河，其余三面都筑有两丈高的围墙，周围设有八个碉堡。

队伍出发前，周建屏做了动员。他问道：“同志们，反动资本家在赤石街囤了很多银洋，‘等’着我们去‘拿’。大家有没有决心把它拿过来啊？”

“有！”

周建屏接着说：“我们去夺取银洋，是为了充实我军的经济力量，打破敌人封锁。现在，苏区财政困难，红军给养也很紧张。我们攻打赤石，就是要消灭那里的敌人，把反动派掠夺的人民膏血拿回来。希望大家勇敢作战，完成任务！”

随即，部队乘夜抄小道，从坑口出发，经廓前，绕黄柏逼临赤石。

凌晨三点，红十军前卫团向赤石街发起猛攻，密集的枪声划过夜空，响震十几里外。敌人凭借碉堡、山头工事顽强抵抗。经过三小时激战，红军伤亡七十多人，没有冲上墙去。

激烈的枪炮声惊动了崇安城内的敌人。他们慌忙集合，企图从后面夹击。哪知刚一出城，就被伏兵咬住。一阵猛冲锋，敌人便抱头溃退。红军乘胜追击，大部分敌人被缴了械，一小部分窜回城里，其余来不及进城的，都跳到崇溪溺死了。战斗中红军一位连长，三处负伤，周建屏立刻叫担架将他抬走，并对他说：“火线事你不要管，你安心养好你的伤口吧！” 他点点头。忽然另有一部敌军打来了，他一翻身，从担架上跳下来，抢过警卫员手上的驳壳枪，一步一颠地向敌阵冲去。他喊叫着指挥部队，很快将敌消灭，又亲手缴到五支枪，最后不幸牺牲。

守在赤石山头的敌人见援兵溃败，也慌忙逃走了。红军乘势攻进赤石，赤石街里的敌人，早如惊弓之鸟，看到红军已冲进来了，有的连忙举手投降，有的吓得躲在床下，还有的钻到茅坑里。有几个负隅顽抗的，也很快就地击毙了。

红军占领赤石后，进行筹款。没收了买办资本家的大量银洋及其他财产。国民党政府在赤石开设的税所和几个放高利贷者的钱庄也被没收了。反动官僚和买办资本家从人民身上刮去的许多脂膏，一下都被清洗了。

攻占赤石街，是红军入闽作战取得的最大胜利，歼灭敌人一个团又一个营，缴获了大批步枪以及机关枪和迫击炮等，筹款银元二十万块，黄金两千余两。

晌午，当红军押着俘虏，扛着战利品离开赤石街时，群众都拥向街头，敲锣打鼓放鞭炮，妇女们挑茶送水，热情地慰问红军战士。方志敏和周建屏都让出马来驮银洋。大家背的背，挑的挑，抬的抬，兴高采烈地离开了赤石街。

攻下赤石后，红十军进到崇安城外，准备夜间攻打崇安城。不料，当天傍晚，红军受到从山上冲下来的一股敌人偷袭，敌人虽然被红军击退了，但红军八十二团政委胡烈（原名李新汉）不幸中弹牺牲。于是红军改变攻城计划，将部队暂时撤回坑口。

回师赣东北

与此同时，在赣东北到处寻找红军主力作战的敌五十五师和第五师，发现红军主力转战闽北，后方空虚，正准备乘虚进犯苏维埃政府所在地葛源。接到敌人企图进犯葛源的消息，周建屏、方志敏考虑进军闽北的任务已基本完成，于是留下英勇善战的特务营看护伤员和协助闽北独立团作战，而后发动全军战士背战利品，并主动让出坐骑驮银元，回师赣东北。

红军在坑口略事休整，于5月6日出毛竹关。两日行军两百余里，到了上饶沙溪街的对岸。当时，敌军看到红十军远出苏区，企图在白区包围歼灭红军。把附近所有的船只，都掠集于几个城镇，使红军不得渡信江。方志敏和周建屏就在江岸上研究形势，决定派一个排占领山顶，以防后面敌军追袭，同时组织“敢死队”渡江。

红军在下游找到五只小船，由“敢死队”首先抢渡过去，占了沙溪，并将对岸江上的船只开过来。就这样，全军安稳地通过了春水泛涨的信江。

红十军满载归来，胜利回到葛源，受到根据地人民的热烈欢迎，情绪更加高昂，斗志更加旺盛。敌第五师还不知红军主力已回，正开始向葛源进攻。5月17日，在横峰何家坝，伏击进犯敌军一个团，获全胜。接着，趁敌脚跟未稳，红十军又出击进犯芳家墩的白军，歼敌一个营，胜利粉碎了敌人第二次“围剿”。

重燃苏区烈火

红十军第一次进军闽北，打了十一仗，仗仗皆胜，有力地粉碎了敌人第二次“围剿”。军事斗争的胜利，建立了红十军在闽北的军威，更主要的是摆脱了李立三路线影响所造成的困难局面，奠定了闽北苏维埃和红军向前发展的基础，这是红十军进军闽北最宝贵的收获。

方志敏在《赣东北苏维埃创立的历史》中回忆说：“这一次战绩极佳，消灭了许多敌人……闽北红军，亦因红十军的独立营留下作他的骨干，很快成为可畏的红军。”

1931 年 6 月 14 日，闽北独立团在团长黄立贵率领下，乘崇安城内敌人兵力空虚，冒雨攻城，一举消灭守城民团一百多人，活捉伪县长、民团团总、团副等反动头目，崇安县第一次获得解放。

闽北分区委在闽北苏区开办了党校，培养了一批党和苏维埃政府干部，并建立政治教导大队，培养军事干部。同时在苏区开展了经济建设，使闽北苏区革命运动走上一个巩固发展的阶段。在胜利粉碎敌人第三次“围剿”后，闽北苏区更进一步发展，从原来的崇安、建阳、浦城、铅山、上饶、广丰，扩大到邵武、光泽等地。

红十军入闽作战期间，中央派万永诚、倪宝树到赣东北传达六届四中全会精神，指令倪宝树担任红十军政委。周建屏依依不舍地送别了日夜相处的方志敏。

“左”倾危及根据地

1931年7月，王明把持的党中央认为赣东北党组织贯彻六届四中全会精神不力，遂又派中央代表曾洪易（1935年叛变）、聂洪钧等人到赣东北。同年9月，赣东北第一次党员代表大会在葛源召开，正式成立了赣东北省委，曾洪易以中央代表身份，改组了根据地的党、团和红十军的领导机构。聂洪钧担任红十军政委，周建屏仍任军长。

蒋介石发动的第三次全国性“围剿”开始后，进攻赣东北根据地的敌人（约十个团的兵力）采取碉堡战术，步步为营，合围推进。面对强大敌人的进攻，曾洪易无视方志敏、邵式平、周建屏等人主张军事上向敌人力量薄弱的皖南、浙西发展的正确意见，而大批所谓右倾逃跑主义，提出“变堡垒为敌人坟墓”的口号和“持久围攻堡垒”的方针，强令红军向西南发展，打通通往中央苏区的道路。在曾洪易“左”倾冒险主义的指导下，红十军开始对敌人的炮楼、碉堡死打硬拼。贵溪夏家岭的一个坚固炮台，红军屡次强攻不下，结果反牺牲了团长龙志光和贵溪县委书记花春山。攻打横峰县城郊碉堡的红军战士，浴血奋战，虽然摧毁了一个碉堡，英勇的红军战士却整连地牺牲在碉堡底下。曾洪易在军事上的瞎指挥和随之而来的残酷“肃反”，极大地挫伤了红十军指战员的战斗情绪，致使红十军处处被动，徒耗实力，根据地因之损失近半。

1932 年 5 月，赣东北党组织获悉蒋介石调兵遣将准备发动第四次全国性“围剿”的消息，在这关系到根据地和红军生死存亡的紧要关头，周建屏和方志敏、邵式平一道挺身而出，同曾洪易执行的“左”倾冒险主义的军事路线进行坚决斗争，提出采取以往军民粉碎敌人“围剿”的战略战术，开展游击战争，主动打击敌人。

5 月的一天，周建屏亲率红军在横峰县杨家门附近的蛤蟆卡伏击装运大批军需物资的国民党军船队，重创敌第六师一个团，缴获步枪五百余支，手提花机关枪二十三挺，重机枪六挺，迫击炮三门，弹药和其他军需物资不计其数。辉煌的战果，激励着根据地的军民。

在这次胜利的基础上，赣东北赤色警卫团扩编成师。红十军、赤警师相互配合，打进敌人后方余干县城，又利用夜战在贵溪周坊击溃敌人一个旅，随后在铅山、浙江开化等地展开了一系列军事活动，以灵活机动的游击战术，争取了战场的主动权。

二进闽北

“红十军第二次进闽北，是冲破保守主义而在白区进行的较大战争，获得了很大的胜利。”

——方志敏

1932 年 5 月，蒋介石在帝国主义的支持下调集了四十万人马，向各根据地发动第四次“围剿”。敌人五个师的兵力东至浙江江山、玉山，西至贵溪波阳，向赣东北苏区猛扑过来。当时福建闽北崇安、浦城、建阳、松溪地区敌人有一个师（地方军阀刘和鼎的五十六师）的兵力，而红军在这个地区只有一个团的部队，对敌威胁不大。赣东北省委决定留下一个独立师配合地方游击队和农民赤卫队在苏区与敌人周旋，红十军渡过信江河直插崇安浦城地区转入敌后在外线作战，取胜后调敌离苏区，乘机给以歼灭性的打击。

中央代表曾洪易在赣东北竭力推行王明的“左”倾机会主义路线，推行“持久围攻堡垒”的战略方针，与敌人死打硬拼，使红军处处被动。方志敏坚决反对这种打法，他认为，红军的作战方针应当是：敌人来打我们，我们就转移，让他扑空；我们要打敌人，就打他个措手不及。每次战役，我们总要歼灭敌人，俘虏敌人，缴敌人的枪。

为了粉碎第四次“围剿”，并打通赣东北苏区和闽北苏区，以完成赣东北苏区和中央苏区连成一片的任务，9 月，赣东北省委决定红十军第二次入闽作战，并决定由方志敏随军担负领导军事行动的任务。这次进闽北的任务，是要从争取战争的胜利中来扩大闽北苏区，特别着重打通闽北与赣东北两个苏区的联系。

此时，闽北苏区，作为赣东北苏区的重要组成部分，中央苏区和赣东北苏区的桥梁，早已成为敌人的眼中钉。

蒋介石把十九路军调到福建，同时调集驻江西、福建的数万兵力，并纠集地方反动民团、大刀会武装，对闽北苏区进行残酷的“围剿”。其军事部署是：敌第六师攻上饶、广丰苏区；敌七十九师攻铅山苏区；敌五十六师攻崇安、建阳、浦城苏区。随后，又调福建省防军钱玉光旅占浦城；刘和鼎五十六师占建阳和崇安南部；周志群五十五师占邵武、光泽；卢兴邦匪部占将乐，采取“稳扎稳打，步步为营”的战术，妄图消灭闽北苏区。

闽北苏区军民奋起反击，闽北独立团和各县独立营采取机动灵活的战略战术，在地方游击队和人民群众的密切配合下，给敌人有力打击。

分兵进击　夺取星村、赤石

红十军政治委员方志敏和军长周建屏率领三个主力团、一个机炮营、一个特务营于1932年9月12日渡过信江河，抵达铅山紫漆镇与闽北分区委书记黄道和独立团李金泉、薛子正等会合。

9月13日，红十军在江西铅山县紫溪镇与中共闽北分区区委书记黄道、闽北独立团团长黄立贵、团参谋长兼副团长李金泉、团政治委员薛子正等会合，召开了团以上干部会议，讨论了作战计划，分析了敌情。敌刘和鼎的五十六师有一个团的兵力分布在崇安方向，在浦城驻有三个团和师部，决定先歼、后围达到西调敌人的目的。先歼灭驻守赤石、星村的刘和鼎的一个主力团，估计驻崇安的陆战队不敢动弹，再由闽北独立团和八十一团两个营对崇安县城进行佯攻，实行四面包围，迫使崇安县城守敌向浦城之敌求援，只要浦城出兵救援，我们就集中主力部队袭浦城，攻下浦城，敌人在闽浙赣的指挥中心就彻底垮掉了。

红十军按照预定的作战计划在9月13日黄昏后，由紫溪出发，经分水关进入大安里三口，分别向星村、赤石前进。夜行一百四十余里，拂晓时向星村、赤石发起进攻。

9月15日，战斗打响了。红十军八十三团和闽北独立团由军长周建屏指挥攻打崇安县星村街。八十一团和八十二团由政委方志敏指挥攻打赤石街。军部下了最坚决的命令：为保卫崇安苏区，全体指战员必须不惜一切代价消灭星村、赤石之敌。凌晨，两支部队同时向星村、赤石发起进攻。周建屏率部以迅雷不及掩耳之势，消灭星村街一营白军。然后，率部支援打赤石街的战斗。

方志敏怀着必胜的信心，指挥红军攻打赤石街。驻赤石之敌是白军五十六师刘和鼎的一个团，修筑的工事极为坚固。方志敏和周建屏指挥红军摧毁敌人第一道防线，消灭外围敌人，迫使敌人据守赤石后面的山包，并妄图凭借山上的坚固工事和复杂的地形负隅顽抗。

红军接二连三地发起冲锋，战斗从清晨一直打到下午3点多钟。虽然包围圈已越来越小，但敌人占据制高点，很难攻下。

此时虽已入秋，但仍烈日炎炎，暑气蒸人。敌人一早上就被红军困在山上，饥肠辘辘，又没有水喝，一个个精疲力竭，龟缩在工事里。

方志敏见此情形，便命令部队停止攻击，把敌人围困在山顶上，并亲自对敌人喊话："白军弟兄们，你们都是劳苦群众，被迫替反动派当炮灰，我们是专打反动派的。你们已经被包围，不用我们打，你们也会困死在山上。你们应该求生，活着和家人团聚，快快放下武器投降。我们优待俘虏的政策是算数的。"碉堡里的敌人，听了喊话后嘀咕了一阵，在工事里高声回答说："你们不要打了，我们愿意投降，派个代表来谈判。"

红军回答说："愿意投降的一律举起手来吧！"敌人不相信，要红军派个代表去。经研究决定，派八十二团参谋长李先统前去谈判。

当李先统走上山包时，敌人又提出条件，要他脱掉衣服，只穿一条短裤，举起双手进入他们的阵地。李先统毫不犹豫照办了，沉着地进入敌人阵地。一会儿敌谈判代表也同样空手从山顶上下来。经过谈判，白军大部分投降。缴获步枪百支及迫击炮四门、重机枪八挺，还意外地缴获了一部无线电台，俘虏了敌副团长。

经过四个小时的激战，歼灭了星村、赤石的守敌一个整团，缴获了该团全部的枪支弹药，并第一次缴获到一部电台，从而解决了与中央通讯难的问题，全军上下高兴极了。

14 日晚红十军集结于坑口、焦岭关一带，15 日拂晓包围了崇安县城。天刚亮，崇安城外响起了激烈的冲锋号声、枪炮声和喊杀声。由于红军攻下了星村、赤石，崇安城内的驻军早已成了惊弓之鸟，城外的枪炮声、喊杀声，加上炮弹又击中了县政府大院，更使城内敌人惊恐万状，急忙向浦城不断发出紧急求援电报。围攻进行了一个昼夜，驻守浦城的五十六师接到崇安的求援电报后，果然由师长李木林率领一个步兵团和师机炮团来崇安救援了。红军发现敌人离开了浦城向西进，决定按原计划奇袭浦城。当敌人到达临江，已判明其是经铁场山下枫溪、双溪，直奔崇安，周建屏亲自率领八十二、八十三团由焦岭关向客溪、洋溪、下墩，离朝崇安救援之敌右翼相隔二十华里向东急行军。同时命令围攻崇安的部队，除独立团留一个连在崇安东洋墩完成引诱敌人的任务后转向根据地外，其他主力撤离崇安包围圈，向吴屯、黎口、永兴急进，在 9 月 16 日下午四时半到永兴北下墩接受任务。

红军胜利拿下崇安县城，崇安人民召开大会欢迎红军。在大会上，周建屏向崇安人民汇报了红军消灭星村、赤石之敌的经过。军部用无线电向党中央汇报了战斗情况，受到党中央的表扬。

攻浦城

周建屏与方志敏密切协作，率领红军第二次攻下赤石街，又拿下星村。在崇安休整几天后，1932 年 9 月，红十军与闽北红军合作，强攻浦城。

浦城是闽浙赣三省交界的一个重要县城，是通往浙江的要道，素有“闽北粮仓”“金浦城”之称。城墙有两丈四尺高，城基一丈八尺厚，非常坚固。大小城门十座，炮楼九座。该城东靠仙楼山，南濒大溪，北为开阔地，西门外全是民房，易守难攻。城内驻敌军五十六师师部和所属两个团及暂编省防军钱玉光旅一个团两个营，还有民团四百多人，是敌人进攻浙赣苏区的指挥中心。

要攻下敌人这样一个据点，必须要有高明的战略战术，就是要把敌人引出来分散消灭。战略部署是：由八十一团的两个营和闽北独立团派出部分队伍，在当地游击队配合下，明攻建区，造成向建阳方向发展的态势，暗中由八十二团前卫化装成敌军奇袭浦城。当佯攻建瓯的战斗打响后，建瓯敌人火速向浦城求救。敌五十六师师长李木林因为红军吃掉了驻星村、赤石的部队而大发雷霆，所以当他得知红军攻打建区的消息后，愤愤地说：“方志敏、周建屏，红十军，土匪军。明攻星村、赤石，妄想暗吃我建瓯，办不到！有种的为什么不来碰碰浦城？好吧，就让建瓯成为你们的葬身之地！”于是，李木林率领一个步兵团和机炮团前去支援建瓯。

红十军八个小时急行军百余里，距离浦城只有二十余里，部队加快了行军速度。原认为奇袭浦城之计一定可成，不料八十二团前卫在离城六十八华里的洋溪尾龙安岭的石亭中，发现钱部第一团第二营营长林鸿松下乡收猪捐。红军先头部队果断地向敌发起突然攻击，把敌人这个连大部歼灭了，俘敌一营长。这个营长原本不是军人，而是用钱买来的官，还没上任几天就被捉住。经审讯他供出浦城的情况：敌师长带一个步兵团和一个机炮团增援崇安去了，现在城里只有一个团的兵力，团部驻守在县中学，团长和副师长住在学校隔壁的小洋楼里，部队大部分驻在东门大街。红军问他带的这个连有多少人？他看了看被俘的人说：连团部一个副官在内一共有十一个人逃走了。这时周建屏命令八十二团跑步前进，要追上逃向城去的敌人，否则城门就会被敌人关死，就达不到奇袭的目的了，并紧急做好强攻浦城的准备，八十三团紧紧跟随并做了强攻准备。但因为前卫部队在洋溪停留了半个小时，逃敌却一直拼命往城里跑，情况非常紧急。红军的追击部队离敌人只差两三里路，而敌人离城门口也只有两三里路，并在沿途拼命地放枪，城里的敌人听到城外的枪声，已有了准备。敌副官边跑边喊红军追来啦，只跑进去五个人，城里的敌人连忙关城门。敌人登上城楼向城外射击，八十三团很快组织了人梯攻城，但因梯子太短，没有成功，这时天已黄昏了，夜间敌人加强了城防。八十二团又组织了一次人梯攻城，也没有成功。机炮营几次用炸药爆炸城墙，也未炸开。李金泉副团长在攻城时牺牲。于是，攻城部队后撤二十华里待命。

方志敏和周建屏在离城西门一里半路的山包上命令部队撤出敌人火力射击范围外的丘陵小山坳休整再攻。在此召开了由团长、营长、政治委员等共有一百多名干部参加的会议，讨论为什么原定的奇袭方案变成了强攻，在现在的情况下该怎样进行强攻。前卫团团长匡龙海先发言，批评八十二团一营长在洋溪同敌人遭遇后不该停留时间太长，致使本来完全可以成功的奇袭方案未能实现。接着提出：命令各营组织三个敢死队，并随带梯队。梯子不宜过高，否则容易被敌人从城楼上推下来；也不宜过低，这样蹬不上城墙。要做到使敌人弯腰才能碰到梯子，只要敌人探出身子，我们在城外就用火力消灭他。

经过讨论，方志敏把大家的意见做了归纳：浦城是闽浙赣地区一个重要城镇，是刘和鼎向苏区进攻的基地和指挥中心，城内有许多地主和反动商人，我们必须把它拿下来。因为这一仗不仅关系到巩固和发展闽浙赣根据地，而且要配合中央红军粉碎敌人第四次“围剿”，打通和中央苏区的联系。打好这一仗就消灭了刘和鼎的两个主力团，在军事上、政治上、经济上都有重大的意义。我们必须尽快地消灭这股敌人，迅速会师于赣东北，打击敌七十九师。方志敏同时指出：八十二团一营长没能及时追击敌人，应吸取教训。大家听完方志敏的讲话，明确了任务，全军指战员的求战情绪更高了。我们这支部队基本上全是赣东北地区的人，敌人在赣东北地区烧杀抢掠，早已激起战士的无比愤慨，早就盼着打回赣东北，为乡里百姓报血仇。

周建屏向全军营以上干部下达了攻城命令：限在两天之内坚决拿下浦城，全歼城内之敌，再会师赣东北打击七十九师。各团必须在 17 日下午 3 点之前做好攻城的准备工作。八十一团在后天拂晓用一个营的兵力在西门佯攻城北端，用两个营的兵力在西门南侧主攻入城，向北运动。主力部队向东南方向进攻，占领南门。闽北独立团在后天拂晓前以一个营的部队向城东北方向佯攻，把敌人的主力引到东门，三个营在东北角待命出击，如东北角佯攻成功，团主力紧随冲进城去占领东门。八十二团主力在北门选择三四个地段攻城，每个地段组织两三个敢死队，18 日拂晓前坚决攻占北门，由北向南进攻，占领敌团指挥所和伪县政府，逼敌于东南门就歼。在总攻前五分钟，炮营集中炮火，第一，首先摧毁敌团指挥所，把敌副师长和团长击毙在屋子里，但不能破坏周围民房；第二，摧毁北门和西南门的城墙工事，扫清部队登城障碍；第三，部队登城后，炸掉南门大桥。

总攻时间定为 9 月 18 日凌晨 4 时 50 分。周建屏又命令八十二团占领北门后立即向敌纵深发展；八十一团占领西南城后楼立即向北打，迅速占领南门；独立团攻东北面和八十一团攻西北端的部队在 18 日四时半， 以猛烈的炮火向敌人射击，并做相应的进攻，东北角的部队尽可能迅速攻击，乘机攻入，如果能成功，全团立即投入战斗，扩大突破口，巩固阵地，向北门攻击；八十三团以两个营的部队，在洋溪和临江方向建筑阵地拦截崇安和五十六师的救援部队反扑浦城，留下一个营作预备队。并令从下达作战命令的当天夜里，八十一团、八十二团、独立团各派小部队接近城墙扰乱敌人，使敌人一夜不得安宁。命令下达完后，各团做了积极的作战准备。

城墙上的敌人在 16 日夜里惊恐万分，不断地用棉花和草捆好，倒上煤油点火向城外抛掷，并不断地向城外打枪，烧掉了一些民房，听到城外稍有动静就拼命地掷手榴弹。在夜幕中，借着敌人的火光，各团的指挥员对负责攻城的地段进行了侦察，试探了敌人火力布置，选择了登城墙的突破口。接着各部队在当地群众的支持下开始制作登城梯子，许多菜农把城墙的高度告诉了红军，使部队比较顺利地扎好了合适的梯子。主攻部队组织了登城敢死队，每个敢死队由坚强勇敢的十五至十七名战士组成，每人配备手榴弹、带刺刀的枪、大刀。攻城的准备工作基本就绪。

周建屏亲自到各团检查战斗准备，并到西南离城五六十尺的小土包上观察登城位置。来到八十二团时，他们正在召开连以上干部战斗动员会。周建屏询问了战斗的准备工作情况，团长匡龙海汇报说：已选择了三个登城地段，每个突破口都有梯子。每支敢死队十五人，配备手榴弹五颗，一把大刀，一支中正式带刺刀步枪，全团的轻重机枪集中掩护三个突破口登城。周建屏听完汇报后，对匡龙海指示说：登城的第一个战士，一定要选择身强力壮、机智灵活的，他的任务就是要把一捆手榴弹投入墙垛里，很快拉线爆破，震杀敌人，为其他队员创造条件。在炮兵火力摧毁敌人防御阵地时，敢死队要迅速行动到城下，炮兵轰击两分钟后，立即把城梯靠上城墙，敢死队冲上去，轻机枪手立即随后登上城楼掩护敢死队前进。并要多备些梯子，以便后续队伍迅速地沿墙多地段搭梯登城，扩大战果。周建屏着重指出：要特别注意准确地掌握时间，保证完成登城任务，要与炮兵营保持密切联系。接着又同参谋长亲自去炮兵营了解战斗准备情况，并把与登城部队密切配合的要求传达给炮兵营长、政委，要求准保部队登城成功，又要防止自伤登城部队。

方志敏询问了战士们的战斗情绪。团政委回答说：部队的战斗情绪很高，各连在挑选敢死队员时，人人争先恐后纷纷报名。现在连以上干部全在这儿开会，他请方政委做指示。方志敏政委做了简单的讲话后就回到军指挥所。这时已是夜里十二点，离总攻时间只有四个小时了。

浦城县国民党县长孙毅带着一批军警，亲敲锣，走街串巷，挨家挨户强迫群众上城防守。他一边敲锣，一边叫喊："各商店都起来抵御土匪，土匪进了城，房屋要被烧，方志敏、周建屏是青面獠牙的怪物，每天要吃一个人的。"当他转回县衙门时，恰好红军一个迫击炮弹落到县衙里，虽未爆炸，可这位县长却吓出了一身冷汗。敌军钱部第二团团长聂进龙一面指挥战斗，一面造谣说他们的援军即到，叫城内百姓不要怕。为了给攻城红军造成不利条件，他命令士兵向大西门外丢下浸了煤油点着火的数十床棉被和大量布匹，使城外民房被烧，企图造成一个开阔地，使红军不能依托民房行动到城下登城进攻。

9 月 18 日清晨，风大雨急，4 时 45 分，总攻的时间就要到了。炮兵营长接到军长的命令后，立即用六部炮对准敌师团指挥所猛烈开火，在 15 秒内就把敌团指挥所摧毁了，敌团长炸死在房内。紧接着另外八门炮转向北门敌人的城防工事，四门炮向着西南角的城防工事猛烈开火，四分钟射击中停了一分钟，用两门炮的火力向东南方向发射，引诱敌人进入阵地，紧接着又是一阵猛烈的炮火轰击，使敌人伤亡严重，敌兵不敢进入城防工事阵地。

城郊群众大力支援，用毛竹做好了一百多个竹梯，准备攻城，城内敌军也准备负隅顽抗。机炮营集中火力向敌军指挥部、西门、北门、南门猛烈开火。到天快亮时，红军十几发炮弹一齐落在敌军指挥部，敌指挥官被打死在里面，敌军失去指挥乱成一团，敢死队乘着炮火积极向城墙下行动。敌人认为西门和东门是红军主攻的目标，急忙加强了这两个地段的防守。敢死队员们乘着风雨声、枪炮声，扛着攻城梯已行动到北城墙下。4 时 48 分，炮火延伸射击之前的一分钟，八十二团敢死队在炮火射击两个空隙地段把梯子靠上城墙，只用了一分钟的时间，就登上城墙。4 点 50 分，炮火向南门和东南方向延伸射击，已登上城楼的敢死队员向左右杀入敌人阵地，同敌人展开肉搏。敢死队队长王杰作战非常勇敢，一登上城楼首先撞到敌连长，正举枪向王杰射击，却被王杰一个箭步冲上前去，一刺刀扎进前胸，王杰一口气捅死三个敌人，再带着已登上城的敢死队员同其他敌人搏斗。紧接着第二梯队也冲上了城楼，城外战士一拥而进，敌人抱头鼠窜。闽北独立团团长黄立贵也亲率敢死队登城战斗，跃上城墙左右劈杀。到 18 日早晨 5 点 10 分，红军已从三面登上城楼冲破敌人城上防线，敌人向南门和东南方向败退，企图从南门突围，但这时南门已被八十一团两个营占领，后路已被堵死，独立团同时占领了东门，并向东南方向前进，八十二团占领了敌团指挥所和县政府后，也向南和东南方推进。

至5时30分，红军把四百多敌人围困在城东南角。敌刘和鼎的贴身上校副官拼命地鼓动士兵，叫喊着：坚决抵住，援军就要到了，重新组织兵力企图顽抗。为了不破坏城镇建筑，不伤害群众，周建屏命令缩小包围圈，展开政治攻势，同时由八十二团组织敢死队向敌人指挥阵地发起冲锋。敢死队在一营长的率领下，穿过巷道直插敌阵地指挥所，占领了一幢楼房，发现敌副官正在那里指手画脚指挥射击，一营长亲自端起轻机枪，一个点射，击毙了这个家伙。敌人失去了指挥，顿时乱了阵脚。到6时，在红军的政治攻势下，全部缴械投降了，攻城战斗结束。浦城县城内一片欢腾，家家户户门上插上小红旗，热烈欢庆红军解放浦城的胜利。

方志敏和周建屏等进入县城，清点俘虏，发现抓到的俘虏不到五百人，打死的只有一百多人，而敌人原有一千多人，战斗中从南门逃跑了一部分，但绝对没有逃掉那么多，那还有的人到哪里去了呢？军部召开紧急会议，专门研究搜捕漏网白军的问题。通过询问群众和审问俘虏，才了解到一部分敌人在混乱中换上便衣混进群众中了，还有一部分敌人藏到百姓家里。红军立即带着俘虏兵四处搜寻，同时发动群众出来揭发检举。浦城的群众是欢迎红军攻打浦城的，见到红军都非常亲热，经过宣传发动，和红军一起搜捕残敌。匡龙海、王杰等发现天主堂楼上藏有大批武器和白军。于是，对敌军开展政治攻势，不料敌人却丢下手榴弹炸伤几名战士。方志敏、周建屏亲自去察看情况，并同意匡龙海提出的“烧屋抓敌人”的办法，迫使这批敌军伸出白旗，丢下枪支投降。经过对群众的一番教育，并把部分土豪劣绅、反动分子的财产分给群众，从而出现了一个举报隐藏白军的群众运动，把一些隐藏的敌军挖了出来。躲在一个资本家家中夹墙内的县民团团长也被活捉了。

这次战斗，共击毙白军和民团一百多人，俘获九百多人，缴获步枪六百余支，重机枪五挺，轻机枪三十三挺，迫击炮五门，还有各国制造的各种型号的短枪一百多支，无线电台一部，筹款十多万，黄金一百多两。红军牺牲十余人，伤八十余人。

敌副师长带着二百多人从南门跑出，却和伪县长一起在混乱中被挤进河里淹死了。据被俘的敌副团长供述：敌团长两夜没有敢休息，怕红军深夜攻城，一直在西门、东门、北门巡视，直到天快亮时才回房里休息。他以为，红军夜里没有攻城，那白天就更不敢进攻，到天明，师长就会从崇安返回浦城，红军天明之前就会撤退的，所以他准备好好睡一觉，可没料到刚刚睡下，红军的十几发炮弹突然砸在小洋房上，就把他和他的指挥所一起消灭了，敌参谋长也在指挥所中被炸死。

雨后青山分外苍翠，鲜艳的红旗飘扬在闽北古老山城浦城的上空，浦城人民欢天喜地，庆祝解放。

战斗结束后，红军迅速安定社会秩序。出布告，贴标语，散发传单，打击趁火打劫的地痞流氓，帮助浦城人民组织了县苏维埃政府和工会、农民协会、商会等群众组织。没收了九家官办的大商店，将没收的财物分发给了城内外的工人、农民群众。将缴获的武器弹药全部交给闽北分区委书记黄道。

红军在城内住了三天，做了很多工作。首先召开了五千多人的群众大会，方志敏登台讲了话，宣传党的政策；赣东北省委、省苏维埃政府、红十军军部、闽北特委、闽北分区苏维埃政府、闽北军分区指挥部都出布告，贴标语，发传单，进行革命宣传，扩大政治影响；镇压了十二个罪大恶极的大土豪，抓来一大批土豪筹款，没收了他们的一部分财产，分给劳苦群众；成立了浦城县革命委员会；组织了工会、农会、赤卫队；召开了开明士绅、宗教界等会，宣传了党的有关政策，揭露蒋介石反共卖国阴谋。当时，苏区在敌人封锁下，食盐、布匹、西药非常缺乏，因此，在浦城购买了很多这类物资。

当年参加浦城战斗任闽北指挥部指挥的薛子正在回忆时，还特别提到当时红军纪律严明，很注意政策，毫不侵犯群众利益。他说：“我军伙食米是吃公粮，菜钱本来只要五分，有吃了老百姓的饭，都付一角以上，从来没有白吃。”红军战士还帮助群众搭桥铺路，修房子，深得民心。全城六十多个裁缝工自动集中到“徐家祠”，通宵达旦为红军赶制军旗、袖章和军服。

鏖战车盘 夜渡信江

正当方志敏和浦城人民在欢庆胜利、日夜辛劳地工作的时刻，接到闽北分区委书记黄道的紧急报告：“蒋介石已命令白军七十九师等，开到铅山县紫溪，正逼近闽北苏区机关所在地大安。”由于闽北独立团和赤卫军等地方武装都配合红十军去攻打浦城了，此时大安十分空虚。

原来，敌人估计红十军攻克浦城后，一定会从松溪、政和去浙西南，而后转回赣东北，妄图乘红军后方空虚，一举打垮闽北苏区，并尾追红十军。

于是，周建屏又和其他领导研究红军撤离浦城后的各项工作，并决定当日动身离开浦城。浦城人民难舍红军和周建屏，县苏维埃政府请周建屏收下全城六十多名裁缝工人日夜为红军赶制的四百多套冬装。周建屏手捧冬装，热泪盈眶。

9月23日下午4时，浦城人民扶老携幼欢送仁义之师。红十军每个战士肩背一百现洋，与闽北独立师告别浦城父老。

傍晚，队伍途经浦西石龙山，正遇着原盘踞浦城北乡的钱玉光一个团企图截击。红军前哨部队化装成白军，乘其不备，一举歼其大半。第二天，部队抵达分水关了，此时江西敌人已到离分水关仅二十里的紫溪岭北面。紫溪岭以南的车盘五里峰是闽北苏区北面的第一道屏障，是红十军回赣东北的必经之路。周建屏急令红军先头部队跑步前进，抢占五里峰，比敌人早五分钟占领了制高点。红军枪弹齐发，杀得敌人措手不及，尸横遍野，败下山去。之后，敌人又在飞机大炮配合下向红军阵地发动多次进攻，均被击退。

敌驻在杨村的十二师、石塘的二十一师、七十一师和七十九师，这时也都包围过来，妄图消灭红军。周建屏认为与敌人主力正面作战，无大益处。在与敌人激战两天两夜，歼灭敌两个团，缴枪一千多支之后，即让出车盘，率红十军主力向石龙、五都方向转移，留下闽北独立团和红十军的一小部分牵制敌人。

石塘的敌二十一师估计红军仍在车盘，便由民团团总周三文带路，从下渠前来偷袭。红军牵制部队在下渠打了个漂亮的伏击战之后，随即退走。敌人以为红军未退，继续围攻山头。当时有一部分敌人伪装成红军，打着红军旗号过来，被这部分敌军误认为是真的红军，一时大战起来，待发现战错时，双方都已伤亡过半。敌师长哭笑不得，大呼倒霉。

9 月 27 日，红十军主力已转移到江西河口附近，敌人又以为红军要打河口，慌忙将车盘、石塘一带的敌军调去防守，待敌军赶到河口附近，红十军则已折向黄沙港，夜渡信江，回师葛源。因一天一夜的打仗行军，队伍过度疲劳，在渡河时被白军第五师截击，损失了一百多支枪，伤亡了一些战士，这是红十军第一次受到的较大损失。

红十军二进闽北，历时二十三天，消灭敌军刘和鼎、钱玉光部三个团，缴枪四百八十支，筹款百万元，特别是缴获敌人电台两架，为赣东北根据地与中央苏区的联系提供了方便。打下浦城，红军采办了一大批苏区缺乏的食盐、药品和布匹，打破了敌人的经济封锁。闽北苏区也迅速发展到浦城、建阳、松溪、政和、邵武、光泽一带，成为连接赣东北苏区与中央苏区的桥梁。

从军事上看，这次进军给围攻闽北苏区的敌人以致命打击，并有力地配合了中央红军在黎川、建宁、泰宁、邵武的战斗；从政治上看，粉碎了敌人妄图摧毁闽北革命根据地，切断中央苏区和赣东北苏区联系的阴谋，开辟了一大片苏区，扩展了闽北红色疆土，为闽北红军与中央红军的会师，闽北苏区与中央苏区连成一片奠定了基础；从经济上看，由于筹到了大量银洋与黄金，获得了一大批苏区缺乏的食盐、布匹、药品等，打破了敌人对苏区的经济封锁。当时，赣东北省委、省苏维埃政府的机关报《工农报》《红色东北》《列宁青年周报》为红十军入闽胜利还发表了社论，揭露

葛源的闽浙赣省苏维埃政府旧址

葛源的闽浙赣省军区旧址

葛源的闽浙赣省省委旧址

横峰五塘垄的闽浙赣省红色医院第一分院

闽浙赣革命根据地的中心——横峰县葛源村

上海《申报》胡说白军在闽北打败红军的欺骗宣传。同年11月13日，省苏维埃机关报《工农报》用十分醒目的标题报道说：“红二十二军送到闽北的大批中央文件已由闽北苏维埃送到赣东北来了，现在赣东北省苏维埃政府，已经开始在中央苏维埃政府直接领导下工作了。”这也反映了红十军二进闽北的胜利，给闽浙赣形势带来了新的转机，对曾洪易所推行的王明“左”倾机会主义路线也是一个有力的批判。

方志敏在遗著中，对红十军二进闽北做了这样的评价：“红十军第二次进闽北，是冲破保守主义而在白区进行的较大战争，获得了很大的胜利。”

在红军的战斗胜利中，1932年12月11日，赣东北省改名为闽浙赣省。闽浙赣省委在中央指示下，扩红三千人，将红十军改编为红十一军，军长仍由周建屏担任，另将赤色警卫师扩编成军，沿用十军番号，闽浙赣红军战斗力达到最盛时期。此时，中央又电令红十一军南渡信江，到中央苏区配合中央红军组织第四次反“围剿”战斗。

1933年1月25日（除夕），方志敏、周建屏、邵式平率领红十一军夜渡信江。26日，红十一军与中央红军一方面三军团在贵溪上清宫胜利会师。红军总司令朱德、政治部主任王稼祥、三军团军团长彭德怀亲切会见了周建屏等，简要地交代了红十一军的任务。三军团走后，周建屏率领红十一军进入金溪县城，接替三军团的驻防。军部驻在县城附近山脚下的一个村子里。

金溪是周建屏的故乡。周建屏利用这个机会回到老家——双塘左源村。左源，在中央红军三军团的帮助下已发生了翻天覆地的变化，竹桥乡已建立起农民自己的政权——革命委员会，周建屏住在竹桥余家“步云公祠”里，接见了乡革命委员会的人员。

周建屏爱家乡的山水，心系家乡的人民，利用这个机会回老家来看望乡亲，并了却存在心中许久的心愿。

说起来这是周建屏第二次回老家。1923 年，有十多年戎马生涯并已当上滇军营长的他，看不到中国的出路在哪里，失望地离开滇军，毅然回到老家竹桥左源村。那时，老家人民深受军阀和土豪劣绅的欺压，过着“一年累到头，四季吃不饱” 的生活。这次回家，他听到乡革命委员会同志们的汇报，知道了老家在红三军团的帮助下，建立了红色政权和赤卫队。从村民喜悦的脸上，他看到了老家的变化。特别是村民高涨的革命热情，周建屏打心眼里感到高兴。

在周建屏一再要求下，乡革命委员会才把他家房产田地分给了村里的贫苦农民。从此，周建屏打自己的“土豪”在竹桥一带传为佳话。直到今天，左源村人谈起周建屏第二次回乡的往事，都会交口称赞他是一个为人民谋利益的好军长。

周建屏在老家仅住了一宿，第二天一早就赶回县城，带领红十一军经金溪左坊，翻山到达资溪石峡。

在石峡，周建屏见到了红军总政委周恩来。周恩来同志对红十一军在赣东北根据地英勇善战、艰苦奋斗取得的成绩给予了高度评价，告诉周建屏红十一军驻防金溪的任务已经完成，第四次反“围剿”的大战即将开始，命令周建屏率红十一军开往建宁、黎川、泰宁一带，巩固和发展抚河以东的闽赣边区根据地，打击敌人，争取第四次反“围剿”的胜利。

2月3日，周建屏率红十一军到达黎川。接着，便按照中共中央的指示，率十一军强攻南丰，掩护中央红军主力乘夜向西转移。为了迷惑调动敌人，创造有利战绩，周建屏又率领红十一军装成红军主力向黎川方向行动。3月13日，红十一军甩掉追敌，会合闽北独立师进攻福建光泽，歼灭国民党新编第四旅周志群第一团，占领光泽，接着又在和顺歼灭该旅第三团。3月中旬，中央红军主力构成包围圈，在宜黄县黄陂、东陂歼灭敌人近三个师，取得第四次反“围剿”战役的决定性胜利。

1933年3月18日，闽浙赣省在葛源召开第二次全省工农兵代表大会，周建屏作为红十一军的代表参加了大会。会上，周建屏接受了1931年11月7日召开的第一次全国工农兵代表大会授予红十军“艰苦奋斗”的奖旗（辗转至此才送到赣东北）。会上选举产生了新的省苏维埃政府执行委员会，周建屏当选为执行委员。

1933年4月3日，周建平率红十一军复占金溪，留下工作团帮助地方开展革命斗争和建设地方政权。同月，苏区中央人民委员会批准建立闽赣省。5月6日，闽赣省第一次工农兵代表大会在黎川湖坊村召开，周建屏当选闽赣省革命委员会执行委员。

留守苏区

1930年冬，蒋介石、阎锡山、冯玉祥军阀混战以蒋介石获胜告终，使蒋介石有了“围剿”红军的力量和时机，于是，蒋介石即着手部署对革命根据地进行“围剿”。至1933年初，蒋介石对以江西瑞金为中心的中央苏区发动了四次大规模“围剿”，均被毛泽东、周恩来、朱德等领导的红军粉碎。1933年10月，蒋介石调集一百万军队、两百多架飞机，采取“三分军事，七分政治”的方针，向各革命根据地发动第五次“围剿”。对中央苏区，蒋介石动用五十万兵力，分路“围剿”中央红军。此时，正在红军大学(设在瑞金)高级班学习的周建屏提前结业，先担任红十九师师长，后担任红军独立二十四师师长，投入第五次反“围剿”战斗。

此时，被王明等人把持的党中央，进一步排斥毛泽东的正确领导，使“左”倾冒险主义错误达到登峰造极的地步，面对强大敌人持久战和堡垒战的新战略，竟错误地采用了“全线防御”“短促突击”，招致了红军和革命根据地的重大损失。

在这艰难的岁月里，周建屏寻找战机，努力作战，尽可能把损失减少到最小的程度。

1934年2月，第二次全国苏维埃代表大会在瑞金召开。会上，周建屏当选为中央执行委员。

1934年10月，中央革命根据地兴国、宁都、石城一线相继失陷，中共中央决定中央红军主力撤离中央革命根据地，突围转移。中央红军长征后，中央苏区成立了以项英为首的中央军区和中共中央分局，成立了以陈毅为主任的中华苏维埃共和国中央办事处，继续领导留在南方各根据地的红军和游击队坚持斗争。周建屏带领二十四师在赣粤边境开展了艰苦卓绝的游击战争。

1935年1月下旬，中央分局项英、陈毅要各部队立即分散突围到粤赣、闽赣和湘赣边境，坚持游击战争。周建屏遂率二十四师从于都县南突围，分别进入信丰、安远、寻乌等地，沿途遭到大量敌人的围追堵截，部队伤亡惨重。在一次突围中，二十四师政委杨英、军区政治部主任贺昌不幸牺牲，周建屏也身负重伤。1935年3月上旬，周建屏和红二十四师七十一团团长李天柱率领剩下的二三十人，在安远县境山区与张凯率领的江西红军独立第五团一百余人会合后，在粤赣边境坚持游击战争。3月下旬，这支游击队与广东省兴宁特委书记罗屏汉率领的游击队取得联系，决定成立粤赣边区军政委员会，统一领导这一地区的武装斗争和群众斗争。罗屏汉任军政委员会主席，周建屏任副主席。在那艰苦的岁月里，周建屏和红军战士们一道爬山越林，昼伏夜行，风餐露宿，他那本来就孱弱多病的身体，加上伤痛的折磨，终于病倒了，但是，周建屏仍然坚持工作，到5月下旬病情越来越严重，军政委员会决定送他出去治病。在地下交通员的护送下，他同重病的陈正人一道从潮汕辗转到达上海。

1935年6月，周建屏到达上海，在中共中央上海特科的安排下，做了一段时间的治疗。病愈，周建屏由党组织送到西安，进入陕北根据地。1936年12月西安事变后，周建屏到达延安，先后担任抗日军政大学第二科科长、陕北武装部部长。

参加闽浙赣革命根据地斗争的部分同志在延安合影
前排右起第一人为周建屏

投入抗战

中国抗日战争全面爆发后，在“地无分南北，年无分老幼，无论何人，皆有守土抗战之责，皆应抱定牺牲一切之决心”的关键时刻，周建屏当仁不让，积极投身其中。

1937 年 7 月 7 日，日本帝国主义蓄谋已久的全面侵华战争终于在卢沟桥爆发。

日本侵占东北、热河、察哈尔、冀东以后，一直想占领平津，侵吞华北，进而灭亡全中国。早在 1937 年五六月间，驻丰台一带的日军就频繁地进行军事演习，妄想挑起事端。与此同时，日军不断派人到华北视察、“旅行”，搜集情报，刺探军情，并做好了向华北增兵，沿平汉、津浦铁路及向山西、绥东方面作战的计划。

当时，日本在北平至秦皇岛一线驻有中国驻屯军五千七百多人，其中一个步兵大队驻丰台。中国驻守平津地区的是宋哲元的第二十九军，其中第三十七师第一一〇旅第二一九团第三营，驻守宛平城及卢沟桥一带。

卢沟桥始建于金大定二十九年（1189），明正统九年（1444）重修。清康熙三十六年（1697）时毁于洪水，康熙三十七年重建。

卢沟桥气势如虹，全长 266.5 米，宽 7.5 米，最宽处达 9.3 米。有桥墩十座，共十一个桥孔，整个桥身都是石体结构，横跨在北京西南郊外永定河上，是进出北京的咽喉要道。桥东的宛平城建于明末，是拱卫北京的军事要地。

日军深知“卢沟桥之得失，北平之存亡系之；北平之得失，华北之存亡系之；而西北，陇海线乃至长江流域，亦莫不受其威胁也”。于是，一场重大的事变就在这里发生了。

1937 年 7 月 7 日夜，日军一部在卢沟桥附近借“军事演习”之名，向中国驻军寻衅，并以一名士兵失踪为借口，要求进入宛平县城搜查。日方的无理要求遭到中方的拒绝，当交涉还在进行时，日军即向卢沟桥一带的中国驻军发动攻击，并炮轰宛平县城，中国驻军第二十九军一部奋起抵抗。卢沟桥事变（又称七七事变），是日本全面侵华的开始，至此中国全民族团结一致进行了艰苦卓绝的抗日战争。

卢沟桥的枪声激怒了中国守军，也激怒了四亿五千万中华儿女。

参加洛川会议

1937 年 8 月 22 日至 25 日，中共中央在陕北洛川冯家村举行政治局扩大会议，周建屏出席会议。

会议讨论制定动员全国军民开展民族解放战争，实行全面持久抗战的方针，进一步确定党在抗日战争时期的任务及各项政策。会议由张闻天主持，毛泽东做军事问题和国共两党关系问题的报告。会议通过了《中央关于目前形势与党的任务的决定》《中国共产党抗日救国十大纲领》和毛泽东起草的宣传鼓动提纲。

洛川会议是在全国抗战刚刚爆发的历史转折关头召开的一次重要会议。会议制定的党的全面抗战路线，把实行全民族抗战与争取人民民主、改善人民生活结合起来，把反对外敌入侵与推进社会进步统一起来，正确处理了民族矛盾与阶级矛盾的关系。会议通过的《中国共产党抗日救国十大纲领》阐明了党在抗日战争时期的基本政治主张，指明了坚持长期抗战、争取最后胜利的具体道路，这是同国民党集团所实行的片面抗战路线不同的正确的抗战路线。

同月，在中国共产党和中国人民的压力下，国民党政府被迫发表国共合作宣言，并同意西北红军主力改编为国民革命军第八路军。周建屏担任八路军一一五师三四三旅副旅长，该旅是一一五师的第一梯队。

平型关战斗

平型关位于山西繁峙县东北与灵丘县相交界的平型岭下，是长城要口之一。平型关地势险要，周围地形如瓶，古称瓶形寨。明朝时是内长城重要关隘。平型关城楼居平型岭之入口，城周长一公里余，今残高六米。平型关北的恒山高峙如屏，关南矗立五台山，两山都是陡峻的断块山，海拔在一千五百米以上，是晋北的交通障碍。两山之间是一条不太宽的地堑式低地，是河北北部平原与山西之间的最便捷通道。平型岭位于这条带状低地中隆起的部分，形势险要。这条古道穿平型关城而过，东接北京西的紫荆关，西接著名的雁门关，构成一条坚固的防线，自古就是北京西的重要藩屏。

1937 年 9 月 18 日，日军华北方面军司令部决定将处于平汉路主攻右翼的第五师团除留一部在山西北部外，主力参加保定作战。因日军发现中国军队在山西境内的长城线上布防，决定以一部兵力进至大营镇附近，以保证主力转移。9 月 21 日，日军板垣师团第二十一旅团从灵丘出发，以大营为目标，沿灵丘到平型关的公路追击后撤的晋绥军第七十三师。22 日晨将其一部击溃，进到平型关守军的阵地前，另一部日军也加入了平型关方面的战斗。

根据日军进攻的情况，阎锡山在 23 日也制定了作战计划，任命傅作义为总指挥，以一个师加两个旅作为总预备队，用八个团的兵力，由内长城外侧公路以北地区向东、西跑池、小寨间迂回，侧击日军右侧背。八路军一一五师由平型关东边的山地夹击日军，断敌后路。阎锡山电示八路军总司令朱德：我决歼平型关之敌，增加八个团兵力，明拂晓可到，希电林师夹击敌之侧背。

八路军总部接到阎锡山的电报后，立即命令一一五师进行战斗动员，并于 24 日拂晓进入阵地，并分别上报毛泽东和阎锡山、蒋介石，说一一五师以三个团集结于冉庄，准备配合平型关部队侧击该敌。另以师直属队之一部及独立团出动于灵丘以北活动。

9 月 23 日晚，林彪下达出击命令，三四三旅于当晚 24 时出发，在天亮以前进入白崖台一线的设伏阵地；三四四旅随后开进，24 日拂晓完成各种战斗准备。

周建屏和旅长陈光按照师部的统一部署，经过勘察地形，缜密分析，制订出具体的作战计划：第六八五团分三路埋伏在公路转弯处的两侧山坡上拦头痛击，第六八六团稍后趁敌人混乱之机，拦腰斩断日军。周建屏和旅长陈光带领的三四三旅，在平型关公路南侧担任主攻任务。

9 月 25 日拂晓，鬼子来了，是日军板垣师团第二十一旅团的辎重和后卫部队。为首的高举着一面太阳旗，接着是三路纵队的鬼子，后面是载着日本兵和军用物资的一百多辆汽车，两百多辆骡马大车拉着九二式步兵炮、炮弹，给养跟随其后，压阵的是骑着大洋马的骑兵。周建屏命令部队："注意隐蔽，继续观察，等候命令！"

伏击部队的报告同时汇集到师指挥所：敌军已经全部进入伏击圈。这时指挥所下令："发信号弹！""砰砰砰！"三颗红色信号弹升上天空。顿时，沉默的群山怒吼了。满载着深仇大恨的枪弹和追击炮弹带着啸音飞向敌群，手榴弹雨点般地飞进沟道，日军汽车撞汽车，人挤人，马狂奔，指挥系统一下子就被打乱了。

当指挥所发现日军正利用汽车作掩护，进行顽抗，并组织兵力抢占有利地形时，决定把敌军切成几段，分段吃掉他。随即命令伏击部队出击，杀入敌阵地，并指令六八六团派出一个营，冲过公路，抢占在设伏前因怕暴露目标而来不及占领的老爷庙制高点，以便两面夹击敌人。

山谷间骤然响起激昂的冲锋号声和惊雷般的冲杀声。八路军勇士呐喊着向敌人扑去，同敌人展开了肉搏战。战斗进行得异常惨烈，经过武士道训练的日军虽然失去指挥，被分隔开来，仍利用汽车和沟坎进行顽抗。八路军官兵前仆后继，以更加猛烈的攻势对付顽固到极点的敌人，只见枪托飞舞，马刀闪光，连伤员也与日军扭打在一起，互相用牙齿咬，用拳头打。

鬼子拼命地争夺老爷庙制高点。几架敌机在上空盘旋，由于敌我双方距离很近，敌机不敢扔炸弹。经过一番激战，老爷庙制高点等有利地形全被八路军占领。

中午时分，被堵截在辛庄、老爷庙、小寨村一线山谷中的一千多名日军全部被歼灭。板垣组织的增援部队被八路军独立团和骑兵营阻击在灵丘以北、以东地区。独立团还在灵丘与涞源之间的腰站，击毙了增援的日军三百多名。指挥所遂令部分部队打扫战场，其余部队乘胜向东跑池之敌发起攻击。由于国民党军未按预定作战计划出击，致使东跑池的日军由团城口突围。

战斗后的十里长沟，日军人仰马翻，尸体狼藉。燃烧的汽车、遗弃的武器、散落的文件、作战地图、写有“武运长久”的日本军旗及各种罐头食品，满地皆是。

平型关一战，歼灭日军一千余人，毁汽车一百余辆，大车两百余辆，缴获九二式步兵炮一门，炮弹两千余发，摩托车三辆，机枪二十余挺，步枪一千余支，战马五十余匹及一批作战文书、军用地图和大量军需物品。八路军也付出了不小的代价，六八五团伤亡二百二十三人（《六八五团平型关战斗详报》），六八六团伤亡二百八十六人（《三十八军抗日战争战史》《中国人民解放军步兵第四十七师师史》），六八七团伤亡二百多人，合计约七百人。

1937年9月26日，一一五师参谋处发出告捷电：9

月 25 日，我八路军在晋北平型关与敌万余人激战，反复冲锋，我军奋勉无前，将进攻之敌全部击溃。敌军被击毙者尸横山野。毛泽东在大捷次日致电朱德、彭德怀：“庆祝我军的第一个胜利”，“平型关的意义正是一场最好的政治动员”。国民政府蒋介石两次致电祝贺嘉勉，国内各党派团体纷纷致电祝贺，欧美、东南亚媒体也报道了一一五师胜利的消息。

这一仗是八路军出师华北抗日战场的首次大捷，同时也是全国抗战爆发以来中国军队的第一个大胜利。平型关大捷，打破了“日军不可战胜”的神话，提高了共产党和八路军的声威，极大地振奋了全国的民心士气。1937 年 9 月，周建屏被国民政府授予少将军衔。

平型关战斗中的八路军

建立抗日根据地

“山高林又密，兵强马又壮，敌人从哪里进攻，我们就要他从哪里灭亡。”熟悉的歌声响起，巍巍太行难以忘记，八年烽火，党在敌后筑起抗日铜墙铁壁，谱写了中华民族抗击外来侵略的光辉篇章。

党中央、毛主席发出了建立敌后抗日根据地、发展独立自主的游击战争的伟大号召，在朱德总司令、彭德怀副总司令命令下，聂荣臻带领部队在人民的支援下创立了第一个敌后游击战争根据地，建立晋察冀军区。该根据地是平型关大捷后创建，以五台山为中心建立，也是当时最大的敌后抗日根据地。1938 年，毛泽东亲笔题词“抗日模范根据地——晋察冀边区”。

1937 年 11 月，周建屏在周艾镇八路军总部又一次见到老首长朱德总司令，朱总司令命令周建屏和刘道生在滹沱河南北两岸开辟晋察冀军区四分区。

周建屏

转战太行

1937 年的金秋时节。

太行山上的柿子红了，连柿叶都是红的。一洼连着一洼，真是满山红遍。

山上下来几个身着灰色服装的八路军，背个背包，背包上扣个竹草帽，脚上穿的是用布条结的草鞋。

日寇侵华的炮声，震得山上人心惶惶，都想朝深山老沟躲一躲。这几个军人却一直迎着炮声朝东走来，天黑时，住进了滹沱河南岸的朱豪村。

第二天，即 1937 年的 10 月 10 日，一大早便听到滹沱河下游传来激烈的枪炮声。那位自称为八路军班长的老周，到房顶上去瞭望，另外几位战士还有房东家小伙子刘克成也上来了。他们远远地望见从陈子沟（河边上的一个小村）以东，敌人像蝗虫一般，黑压压一片，由河北岸，卷向南岸。这是第一批侵入华北的日本侵略军，他们如入无人之境（“国军”在两天前已经南撤了），骄横跋扈，气焰嚣张。

“咱们赶紧躲一躲吧？”房东小伙子刘克成没见过这个阵势，心里有些发慌。

“放心吧，小伙子，鬼子不会到这儿来的。”老周好似摸准了鬼子的进攻路线，蛮有把握地对刘克成说。

鬼子从这儿打过去了，这儿成了他们的后方。老周他们几个八路军却偏偏要在敌人的后方发动群众，组织抗日。老周给群众讲完话后，刘克成问他：

“我看你不像是班长，我听你讲抗日的道理非常深刻，而且打动了群众，群众纷纷成立起抗日自卫队，一个班长能有这么大的能耐？”

“怎么会不是呢？我就带了这么几个人。我管他们，不是班长是什么！”老周诙谐地说。

刘克成自己也被老周的讲话打动了，他提出了参加八路军的要求，老周问过他的家长，当即便答应了。

没过几天，周围不少村的抗日自卫队都相继组织起来了。老周带着一班人继续沿滹沱河东下，走到大吾川，发现有逃难的老乡，说鬼子已经住到王母村了。他们继续朝东走去，路上又遇到从王母村逃出来的两个被鬼子抓去的民夫。这才得知，王母村确实驻扎了一百多名日本鬼子，不过大部分都没有枪，还有几个只带手枪，有十几辆马车，车上拉的全是皮箱和木箱，另外还有些伤员。

“是个好消息！”班长老周说。

“为什么？”战士刘贵云问。

“根据敌人的装备分析，我初步判断，这可能是敌人的随军医院。那三十多个带大枪的可能是鬼子的一个小队，是专门保护这个医院的；带手枪的是军医指挥官；其余则是医生、护士和伤员；箱子里装的一定是药品和其他军用物资。不知我这分析对不对？”

“对，对！准是这么回事。”另一名战士刘金彪完全赞成。

“如果真是这样，我们就来个出其不意，把敌人这个随军医院端掉，夺取其全部药品及其他军用物资。”

“成，良机不可失。”大家异口同声说道。

一个“班长”怎能决定端掉敌人的一个随军医院呢？原来这个自称为“班长”的老周并非真正的班长，他是由延安派往华北抗日战场来的,他刚参加了平型关大捷之后，又来到太行东麓，他是由朱德总司令亲自任命为晋察冀四军分区司令员，即原赣东北苏区红十军军长周建屏。为了创建敌后抗日根据地，他带了一个教导营开进平山县的洪子店。到达洪子店以后，教导营分成若干个工作队，每队三五人组成，深入到这块已被敌人“占领”的敌后各个村庄，去做发动群众、组织群众、宣传群众的工作。他亲自参加了一个工作队，自称“班长”。其实他这“战士”当中的刘贵云、刘金彪都是营连级干部。

为了夺取挺进敌后的首次胜利，给鬼子一个下马威，周建屏决定突袭王母村。他派人通知附近的几个工作队，马上集中起来，合成一个排，同时挑选了三十名胆大力壮的自卫队员，协同作战。

在集中兵力的同时，他带领刘贵云及新战士刘克成等，朝王母村附近奔来。命一排战士及自卫队于晚上十点赶至王母村西的小树林。

王母村西有一道土岭，周建屏带战士爬上土岭时，已暮色苍茫。他们爬上土岭的顶端，朝村中观望，只见村中十分安静，村口没有一个人进出，可能老百姓都逃到村子外面去了，还可以看清，村子很分散，东西与南北各有一条大街，村子当中还有一片空地。

新战士刘克成给老周介绍："我来这里赶过集，街道、胡同大致还记得。街北口那座高房子是王母阁，阁内有王母娘娘的塑像，出阁往北即是滹沱河。由十字街往南，出南口是通往平山县城的大道。……可不知这伙鬼子住在村子哪头。"

正说着，村南口靠东一点的地方，升起两股袅袅炊烟，村东南角距离他们现在站着的西土岭较远的地方，还有动静。

"从这两股炊烟分析，鬼子肯定住在村子的东南角。现在趁咱们的部队还没赶来，需要先派人进村去做一次侦察，摸清敌人的具体情况，如岗哨设在什么地方……"老周说。

"我去吧。"刘贵云已在做准备。

"我带路。"刘克成也主动提出要求。

老周看看他俩，一个是有经验的老兵，一个是熟悉地形的本地人，便点头答应了："时间还早，不用着急，赶在十点前能摸清楚报告我就可以。地点仍在这儿，一定要小心。好吧，现在可以出发了。"

天已经黑下来了。两人从西南口的一个小街进了村。刘贵云三十多岁，是经过长征的红军，是个经验丰富的老侦察员。他脱掉了军装，换上一身当地老乡的便衣。刘克成才十九岁，胆子很大，他仍穿他原来的一身老百姓衣服。

“小刘，遇到老乡了，你先答话。我不会说本地话。”刘贵云事先叮嘱。

“行喽。”克成回答。

街两旁，家家户户的大门都紧闭着，村子里见不到一个行人。两人快要拐进东西大街时，忽然听到有推碾子的声音。他们立即朝有声音的方向奔去，在朦胧的月光下，果然看到有个老人在推碾，克成上前问道：

“大娘，你一个人推碾啊？”

“你们是谁家的孩子，快快回家去！”

“我们是河北岸的，我的兄弟被鬼子抓去了，听说抓到了你们村，想来打听打听。”

老大娘把碾盘上的棒子面扫进簸箕里，说：“我老头子叫他们抓去挑了半天水刚回来，你们到俺家问问他吧。”

老头受了鬼子的气，正不高兴，听说两个人是来寻找被抓的人，便一五一十诉说了一番：

“鬼子他们一共住了九家。财主家并排两个大院，东院住的是拿枪的鬼子，西院住的像是当官的，门口有个站岗的小鬼子。另一户人家住的都是伤病员。”

“别处还有岗吗？”克成问。

“这些王八羔子们，胆子大着哩，除了财主家门口有个岗，十字街还有一个，别的地方都没看见。抓的人都在财主家南院旁边那个大院子里，你们去看看吧。鬼子认为中国兵都撤了，再没人敢来打他们了，这地方成了他们的世界，因此就那么放心大胆……”

“大伯，听说西山里住满了咱们的队伍，都是八路军，就是专来这里打鬼子的……”刘贵云有心暗示着说。

老人听到他这南方口音，先是一惊，接着一听说有打鬼子的队伍，一下子乐了。他端详了一会儿刘贵云，似乎明白了什么，但没有再问，只是说：“用着我时，只管说话。”

两人从大伯家出来，沿着南墙根，顺着小胡同，望了望十字街的岗哨，又绕到村子的东南角，照着老人的介绍，一一核实后，发现那个圈着一道围墙的大院子里有几十匹大洋马，还有十多辆马车，车上的东西大都没卸下，像是随时准备出发似的。

把敌情都查清楚了，他俩便返回到村西土岭上，向老周做了汇报。不大一会儿工夫，一排八路军战士和几十名自卫队员全部到达。战士们除一支步枪外，每人一把雪亮的砍刀，四颗手榴弹。自卫队员，一人一把大个的切菜刀。到小树林休息一个钟头以后，爬上土岭，一起观察了村内的地形，听老周分配了各自的具体任务，便分头进村了。

刘贵云与刘克成当向导，把队伍带到靠近十字街的地方，暂时隐蔽下来。几位老同志都劝老周留在土岭上指挥，谁知他也进村来了。这是他的老习惯了，常在战斗部署完了以后，便到前沿去指挥或跟战士一起战斗。今天他还有一条理由呢。

“来到太行山区，我这是第一次跟鬼子打交道，不靠近一点行吗？”其实，他是想摸摸鬼子的脾气。“今天就算是个见面礼吧，以后跟鬼子打交道的日子还多着呢。”

刘贵云与刘克成穿过一条小胡同，隐蔽在十字街口。刘贵云等鬼子哨兵背向自己时，一个箭步扑上去，甩右脚一绊，双手一推，哨兵一个嘴啃地，趴在地上。刘贵云手起刀落，结果了他的性命。

待要继续往前接近那守在门前的哨兵时，夜空的云雾散尽，月光照亮了四周，什么都看得清清楚楚，前面是一段开阔地，如果让敌人发觉，那就麻烦了。刘克成正要冲过去，刘贵云一把抓住了他。此刻，只见老周的通信员跑过来，小声说：“脱下鬼子哨兵的衣服穿上。”刘贵云和刘克成都是机灵人，一听通信员的话，便都清楚了。刘克成因刚才没出上力，心里正过意不去，抢先换上了鬼子的衣服，扛起鬼子的那支三八枪，挺着胸，大模大样地走了过去。

门口的哨兵当成是从十字街换岗回来的自己人，并没在意。刘克成等走近了，猛地上前，两手卡住了鬼子的脖子。一下卡不死，又腾不出手来用刀杀，心里正着急，这时刘贵云赶上前来，一刀就宰了这个鬼子。

紧跟来的一排八路军战士，由刘金彪带领，闯进了财主家的东院。刘金彪走在头里，听听院内十分安静，只有呼噜呼噜的打鼾声。屋内点盏马灯，借着昏暗的光，看到鬼子都睡在一个大炕上，枪支放在墙角处。他轻手轻脚走进屋内，与跟进来的两个战士一起把敌人的枪支抱了出来。他们正要走进另外两间屋时，却被敌人发觉了。战士们立即把手榴弹从窗口塞了进去，只听见轰隆一声响，敌人被炸得鬼哭狼嚎。

刘贵云、刘克成和几名自卫队员摸进了财主的西院。上房屋里有两个鬼子正在喝酒，刘克成挥舞着砍刀，向鬼子扑过去，鬼子急忙一闪，将桌子推翻，随即抢起一把椅子正要朝刘克成砸来，却被刘贵云挡住。那鬼子丢开刘克成，来战刘贵云，咕咚咔嚓一阵乱响。几名自卫队员手抡菜刀也猛砍猛杀起来。

双方拼搏正在难解难分之际，没想到东西厢房又跑出来四个鬼子，手举指挥刀，向北屋冲杀过来。眼看敌人占了优势，几名战士和自卫队员处于十分危险的时刻，只听砰砰砰一阵枪响，院里的几个鬼子全部倒毙在地下。原来老周带领警卫员，飞身跳上房檐，来到财主西院的房顶，恰恰遇上了这场恶战，他连发几枪，把鬼子一个个都撂倒在地。上房的两个鬼子也都被刘贵云、刘克成杀死。

东院的战士将鬼子全部消灭后，已来到大房子内。这时，一些自卫队员已套起马车，装好军用物资和医药器械。战士们每人牵起一匹大洋马……

老周在房顶上看得清楚，举起手枪朝天上连打三声。战士们听到这撤出战斗的号令，立即赶起马车，牵上洋马，迎着黎明的曙光，凯旋而归。

第二天，鬼子援兵赶来，除了一堆尸体和一些断腿缺胳膊的伤员，别的什么也没有。他们在村南的打麦场上，烧毁了三十多具尸体，带着骨灰和伤员，灰溜溜地撤走了。

鬼子撤走后，王母村的乡亲们又回到村里来，在那个大院子里，发现一名牺牲的自卫队员，手中仍紧紧握着那把大菜刀，两眼朝前怒视着。他们怀着崇敬的心情，把他埋葬了。

周建屏组织部队在战斗中锤炼，不断发展壮大，几个月时间，扩建了三个相当于团的区队。有了这样一支抗日的人民军队，加上村村都有民兵、游击队、义勇军、自卫军等，抗日游击根据地如同大厦有了顶梁柱。

从此，八路军转战太行的消息，不仅传遍了太行山，传遍了晋察冀，也传到了侵占华北的日军军营中。

敌后歼寇

由王母村沿滹沱河西上，约六十里便是平山县的四大集镇之一——洪子店。王母村在太行东麓，洪子店已进了太行山中。

12 月 11 日，晋察冀敌后抗日根据地的第四军分区，在洪子店正式成立，同时成立各界抗日救国会。镇上鞭炮齐鸣，十分热闹。周围各个村庄也都建立了自卫队，群众都被发动起来抗日了。这是朱德总司令在八路军总部——太行西部的宗艾镇，亲自给周建屏的指示。朱总司令还告诉他：四分区的管辖范围，西至山西太原，东到河北石家庄，石太路以北的太行山区以及部分河北平原。周建屏的教导营来到这儿，不到一个月，仅在平山范围内，就成立起一个近两千人的平山团（后归三五九旅七一八团，后来到延安保卫党中央去了）。

抗日战争是人民的战争，周建屏深知必须发动和组织广大的人民群众参战，才能取得战争的最后胜利。他带领部队配合地方领导做了大量的群众工作。1937 年 11 月，周建屏在平山县洪子店召开了这个地区空前的万人群众大会，他在大会主席台上说："感谢人民对八路军的支持！人民为抗日战争做了伟大的贡献，人民的要求是合理的。人民子弟兵坚决支持减租减息、合理负担，一切爱国士绅也会同意的。"会后，周建屏和四分区的干部战士，采取了许多措施支持群众的斗争，使全区减租减息顺利进行，促进了生产，巩固了民主政权。

四分区彻底改造了原有的村、乡政权，选举成立了村公所和各级政权机构。周建屏十分高兴地说："我从辛亥革命起，就为民主、共和奋斗，直到今天，人民群众才真正有了民主！"四分区部队一面用战斗保卫民主政权，一面帮助人民实行换工互助，发展生产。在敌人不断"蚕食""扫荡"的极端困难条件下，滹沱河两岸稻谷丰收，人民得以温饱，也能够大力支援战争。由于周建屏等的努力，四分区抗日根据地的发展壮大有了坚实的基础，逐步成为晋察冀边区的模范抗日根据地。平山县的西柏坡，后来成了党中央的所在地。

鬼子听到了这个消息，能不大吃一惊？在这已经成了他的占领区后方的华北,又出现了这样强大的抗日力量，那可真像孙悟空钻进了牛魔王的肚子里，成了心腹之患。

这时，日本侵略军由石太线调来了一千多兵马，从井陉出发，翻过平井交界的大山，进驻平山境内的南北马冢，企图袭击洪子店，一举消灭四分区。这是分区成立十天后的12月21日。

鬼子出动的消息，周建屏司令员早听说了，他派了刘贵云和刘克成前往侦察。他们路过辛庄时，村里的人都劝说："不能再往南去了，那边有鬼子。"刘克成说："俺们不怕。"刘贵云也学着平山话说："俺们就是要去找鬼子。他来了，咱能不去？看看来了多少？准备好好'招待'一下他们呢！"说完，直朝鬼子已占领的马冢方向奔去。乡亲们赞不绝口地夸奖说："八路军的胆量真大！"

因为平山团开走了，一个教导营的力量太小，老周便跟刚从延安开来的一一五师协商，将六八八团连夜由百里外的下口调来了，由他统一指挥，埋伏在辛庄西的西凉山上。教导营也趁着黑夜，悄悄开上了辛庄东山。

老周先到西凉山上，见到了六八八团团长陈锦绣。这位团长三十五岁，也是经过长征的优秀干部。两人仔细地研究了这一仗的打法，天已发亮了，老周由西凉山下来，到了辛庄西南不远的崔家沟。跟在他身边的是他的警卫员小苗子，还有刘克成和司令部的几个同志。村边上有个老大娘在推碾子，老周走上前来问："你不怕鬼子吗？不要碾了，到远处去躲一躲吧！”她回答说：“有你们在哩，俺不怕。俺村里人谁不知道，咱八路军在西山上驻满啦！”

刘克成和小苗子从身上解下米袋子，想在老乡家里煮顿早饭吃。小米刚刚下进锅里，派出的侦察员急匆匆地回来，报告说：“鬼子开过来了，距离这儿还有二里多路。”小苗子忙从锅里捞出小米，又装进米袋背着，随周建屏直奔辛庄东山。

一架敌机在低空盘旋，轰隆隆的马达声，震得山响。

周建屏带领司令部的几个同志，刚从辛庄村中穿过，还不到二十分钟，鬼子那浩浩荡荡的大军，便开到了辛庄。头里有几个骑马的鬼子开路，随后是挺胸叠肚的鬼子步兵，肩上扛着带刺刀的三八枪，迈着大步，脚下发出“呱哧呱哧”的皮鞋声。看那神气，真有点儿趾高气扬，不可一世。

这支骄横的鬼子兵，暂时停在辛庄村头。从村里抓来几个老百姓，用刺刀抵住胸口，一一逼问：“新八路的有？”被逼问的有老有少，好似事先商量过一般，全都回答：“没有！”“没见！”

一个手握指挥刀的鬼子，朝前面望望，心里还有些犹豫。然后昂头望望头顶上的一架侦察机，这架飞机飞得很低很慢，像有话要说的样子，可是飞得再低说话也听不见。忽然从飞机上投下一个什么东西，一群鬼子围上去，打开一看，原来是投下一张写满了字的纸条。一个鬼子手拿纸条，叽里呱啦朗读了一遍，周围的鬼子都哈哈大笑了。

鬼子念的什么呢？没人听得懂。不过从鬼子高兴的神情看，隐蔽在东山头的周建屏猜测，条子上写的可能是：“周围几十里，连八路的一个影子都没有，你们何必这么胆战心惊，走走停停？前面不远即是温塘镇，再向西转，二十五里就是洪子店，八路的司令在那儿等着你们去活捉呢，还不快快进兵。”要不，那些原来感到害怕、担心和犹豫的鬼子，怎么会得意忘形地哈哈大笑起来呢？

不出所料，这群鬼子果然又挺起胸脯，扛起大枪，朝前移动了。等队伍末尾走过辛庄，头已到达红岸寨，一千多名侵略军，全部进入两山相夹的一个洼地里，也恰好是在老周安排的最理想的一个伏击圈内。

突然，从东山顶上响了一声清脆的手枪声，随即又袭来一阵急风暴雨式的枪声和密集的手榴弹，直打得敌人人仰马翻，鬼哭狼嚎。

眼看胜利在望，这一千多名鬼子即将被全部消灭在这道山沟时，平山城的鬼子援军开来了。相离还有十几里，大炮已经打响了。被围困的鬼子得知援军将到，如绝处逢生，喜出望外，立即又收拾残兵，撤往黑石嘴进行顽抗。八路军陈锦绣团长率全团战士，冒着弹雨，如猛虎扑食，全部冲下山来，跟鬼子拼起刺刀……

教导营除留一部分在东山担负包围截击鬼子的任务外，其余在部署战斗之前，即遵照司令员的命令，由刘贵云、刘金彪带领部队开到县城与辛庄之间，做好了打援的准备。

往年，到了这个节令，早已地尽场光了。今年却有所不同，老百姓忙着坚壁清野，只把高粱玉米穗子收了，满地都是秸秆。鬼子出了县城往西，尽是丘陵地带，他们只顾紧急救援，并没有探明这儿的地理环境，更不了解这一带有无八路军的埋伏。出城以后，就开始无目的地胡乱射击起来。

“嘎嘎嘎，嘟嘟嘟，轰隆！”机枪大炮一起轰。

鬼子开来十几辆大卡车，除几百名援军外，还有弹药和食品。

说也凑巧，这一段路，偏偏有道大土沟。大约有一里远的一段土公路，好似陷下去一般，中间一道深沟，两边都是数丈高的土岸。汽车进土沟之后，下有地雷，上有手榴弹，只听一阵地动山摇的爆炸声，十几辆大卡车的援军、弹药和食品，全部被掩埋在土沟里了。

刘贵云和刘金彪带领战士下到沟里打扫战场。他们扛起缴获的武器弹药，还有罐头饼干，到太阳西下的时候，又回到了辛庄东岭，向周建屏汇报了伏击打援的经过。

这时，辛庄河的战斗也已经结束。一千多名鬼子除逃跑一小部分，大部分都被消灭在这太行山下了。

在这一次战斗中，年轻而勇敢善战的六八八团团长陈锦绣光荣牺牲在西凉山上。已经立下战功的十九岁新战士刘克成也光荣牺牲了，还有辛庄的不少乡亲……

这是八路军开上太行，进入敌后，跟鬼子打的第一次大仗。消息很快传遍了太行，传遍了晋察冀，而且越传越神奇，说鬼子打进中国，杀人太多，造下了大孽，所以上天派来神兵天将，普救百姓……还有人说，他都亲眼看到了，那率领神兵的天将，长得并不魁梧，只是有一双孙悟空那样的金睛火眼，他要捉拿谁，谁都跑不出他的手掌心……鬼子从井陉刚刚出发，隔着那么多大山，天将在洪子店便看到了。鬼子的援兵在平山城还没动身，天将就已猜到了，所以在一天之内，竟然打了两个伏击，打得又这么漂亮。

联合抗日

周建屏能够坚决执行党的统一战线政策，为了团结友军抗日，常匀出自己部队的粮食、冬衣支援友军。还好几次派出部队阻击日军，掩护国民党军队渡河后撤。在这里特别提及的一件事是，周建屏亲自改造了地主武装“连庄会”。

辛庄战役的胜利，给了敌人一次沉重的打击。这一个下马威，打击了日本侵略军的傲气，增长了中国人民的志气。太行山区的广大军民，谁不扬眉吐气！

鬼子却是不甘心失败，憋了一肚子气。想消灭四分区，却没碰到一根毫毛，要捉司令员，更没门，相反葬送了自己一大批兵马。鬼子咽不下这口气，决意进行报复。于是又调集四千大军，分几路朝洪子店开来。

周建屏司令员率领司令部人员及地方各抗日团体，沿滹沱河南岸的崎岖山路，朝西北方向走出五十里，驻扎在太行腹地的一个小镇——小觉。

小觉镇紧靠滹沱河南岸，四周都是崇山峻岭。司令部驻在村子南头的山脚下，跟当地老乡住在一个院子里。司令员与政委刘道生围坐在小院一个石桌旁边，打开地图，分析他们所面临的形势……

四周的铁路线及县城已全部被鬼子占领了，鬼子还步步向山上进逼。山上除了一些零散的土匪，还有两股较强的武装力量：一是新二师，一是联庄会。

新二师是阎锡山的队伍，由山西开来，驻在小觉北面的蛟潭庄。他们打的也是抗战的旗号，实际却是来抢占地盘，阻止八路军在这里发展抗日力量。

联庄会是卢沟桥事变后，由保定失学回乡的学生韩增风和地方绅士韩植廷组织的一支地主武装，有三个营的兵力，百把支枪，驻扎在卸甲河东西两侧的三道大川中，占去了平山县的小半个县。韩增风有痛恨日本帝国主义侵略的进步思想，并伺机打击小股入犯日军，也常干些欺压人民的坏事。整个联庄会的组成人员很复杂，思想认识极不一致。

周建屏坐在石桌旁边，仍在默默地思考着：新二师有一个整师的兵力，扬言要再调两个师来，而四分区的兵力却只有一个教导营，假如联庄会投靠了新二师，那他们便要联合起来反共。

分区司令部所在地小觉镇，紧靠在联庄会与新二师占领的地界上，前面不远，就是日本鬼子占领的敌占区。

四分区面临着腹背受敌的紧张局势，如何着手巩固和发展抗日根据地，需要精心筹划……

后通过亲戚关系，八路军打开了缺口，把联庄会的负责人韩植廷和韩增风都找到了，虽然两位领导人都同意联合，但是联庄会里的其他成员，意见纷纷，多数人不同意谈判，更不愿联合，这些人妄图联合阎锡山的新二师。他们吵来吵去，吵不出一个结果，一拖就是几个月，仍然不能定下来。

几个月内，在分区管辖的范围内，却有了很大的变化。群众通过抗日宣传，都明白了这个道理：打不走鬼子，不用说过不上好日子，连命也保不住。他们听着“不是好铁不打钉，不是好汉不当兵”的歌，看着招兵登记处的牌子，尽管大伙知道当了兵就得打仗，打仗就得豁出命去，还是一个挨一个地跑来报名。别看小觉这个不大的小镇，一次要求参军的人就登记了六十多个。有几个小伙子登记完了，高兴地唱起来：“……敌人从哪里进攻，我们就要他在哪里灭亡……”周建屏在旁边瞅着，情不自禁地说：“多好的人民群众！”

各村的自卫队、儿童团，站岗放哨，骚扰敌人。分区成立起三个区队，十分活跃，到处打击敌人。鬼子占领洪子店以后，连遭八路军的袭击，日夜提心吊胆，没几天，敌人进行了一次疯狂的报复，点起大火烧了洪子店的房舍，撤回到温塘去了。

分区的发展，促进了抗日力量的大联合。联庄会眼见八路军的势力日益壮大，终于派出代表来谈判了。

韩增风带了几名随从，亲自到小觉来了。这位学生出身的军官，二十挂零，身着灰色新布军装，腰插德造黑色小手枪。大模大样进了小觉镇，来到了分区司令部。

“欢迎！欢迎！”周建屏走出屋来迎接。

韩增风恭恭敬敬地向周建屏行了个军礼，一步跨上前来，两双手紧紧地握在了一起。司令部立即为客人安排了住处，吃过午饭以后，即开始商谈：

“韩先生年轻有为，为抵御日寇，投笔从戎，是有名的爱国志士，我们是早已听说过的……”周建屏真诚地夸奖说。

“司令员过奖。听说周司令员征战多年，功劳卓著，不愧为红军名将。敝人才疏学浅，孤陋寡闻，望司令员多多栽培。”韩增风谦逊地说。

两人谈了一天，决定联合抗日。接着，双方就具体问题协商两天，最后决定：联庄会三个营，与分区三个区队进行合编，统一归四分区领导。

韩增风跟周建屏接触了几天，开始感到了自己的年轻无知，尤其是在军事上，跟老将相比差得太远了。临走，周建屏送他出来，他十分诚恳地说：“学生初出茅庐，跟司令员比起来，我还是个不懂事的娃娃。带兵打仗，自愧不如。今后愿跟首长学习，望多多指教栽培。”

不久，双方的队伍都集结在洪子店河北岸的东黄堡，在这里合编后，改为七、八、九共三个大队（相当于三个团），任命韩增风为八大队第三中队中队长，原联庄会的另一负责人韩植廷，调分区任参谋。

联庄会与四分区的这一联合，使新二师妄图排挤八路军的阴谋失败了，不仅没挤垮四分区，反而把自己挤得站不住脚了。因为他们不抗日，还经常搞阴谋，闹摩擦，暗杀了两个抗日干部，跟群众闹了一场大纠纷。从此，根据地人民不给他们粮食吃，无奈只好又退回到了山西。那些散兵游勇与土匪，不敢再来胡闹，先后都散伙了。

这一来，彻底扭转了四分区的严重局势。县人民政府在洪子店成立，专署在小觉建立起来了。

边区政府派来一名专员，到了小觉，他来到司令部住的地方，脚刚迈进大门就喊起来："子炎！子炎！"

司令部的同志迎接这位身材魁梧、方脸盘儿、身着军装的领导干部，看模样猜是久经风霜的老同志。却不认得来人是谁，也不知他喊的是谁。

周建屏却听出声音来了，他三步并做两步，几步便迈到了院里。两人一见面没说一句话，都张开双臂，紧紧地抱在一起……

大家猜不透这个闷葫芦。同志相见表示亲热，握一握手也就得了。这样拥抱的礼节，在这个地方，这个时候，还是头一次见到哩，都感到有点特殊。

待司令员给同志们介绍过以后，大家才恍然大悟。来人原来是当年赣东北苏区有名的领导人之一邵式平。如今老战友又在华北的敌后抗日战场重逢，能不喜出望外！

三闯敌阵

自从四分区与联庄会联合后，抗日力量在敌后的太行山区，滹沱河两岸，得到迅速发展。日本鬼子只坚守在铁路沿线及附近的一些城镇，广大农村仍在四分区管辖之内。

原联庄会的年轻营长韩增风，在合编后担任八大队三中队队长。这个年轻人血气方刚，打仗十分勇敢，人们都叫他“韩猛子”。他听说周司令员带兵打仗智勇双全，曾经带着只有“两条半枪”的一个团，在敌人的疯狂“围剿”中，打出了一个红十军，跟方志敏、邵式平一起，建立了赣东北苏区的故事，心中十分敬佩。他想：“我光猛还不行，要有周司令员那种善于打仗的本事就好了。”这一天，他正好有事到小觉镇，办完事专程到司令部拜访周建屏。

韩增风听到周建屏要到他领导的三中队去了解情况，高兴得不知说啥好，猛一下握住了司令员的手，说：“请吧！”

身为司令员的周建屏和原联庄会的营长韩增风，还有各自的警卫员，四人四骑，沿滹沱河向东，奔向根据地的边沿、八大队的临时驻地张家庄。

天擦黑，才到达目的地，但是部队却刚刚转移走了。在这反“扫荡”中，常常因为敌情的变化和战斗需要，部队经常转移驻地，这是意料中的事，一点也不奇怪。只是他们翻山越岭，赶了一天路程，都感到有点累了，再说一时也摸不准部队的新驻地，既来之，则安之，只好走进村来。村子里的老乡也转移出去了，只有一班自卫队留下来替乡亲们看家。

四人吃过饭后，商量了一下，决定就在这儿休息一夜，改天再去找八大队的行踪。几人一起住在三中队原来的中队部，这是几间普通农民的房子，屋前有个小院落。两个警卫员倒班跟自卫队一起在村口站岗放哨。

奔波了一天，几个人很快就呼呼地睡着了。韩增风迷迷糊糊做了个梦：周司令员正在给他讲，胜不骄，败不馁，要大胆勇敢，又要小心谨慎……突然，好像有敌人打来了，他要使劲喊，却喊不出来。忽然醒了，心想可别叫敌人包围了，起床听听动静吧。

他跳下炕，正要开门，周建屏却轻轻说了声：“不要开。”原来周建屏早已醒了，而且他听到了动静。

周建屏从窗纸上的小孔朝外一看，只见栅栏门已经打开，敌人把门堵上啦！同时，韩增风从另一小孔也看到了这个情况。

韩增风把警卫员小苗子叫醒，三人躲在窗口的两边，刚刚站好，只听得“哗”的一声，机枪子弹从窗口打进来，打在对面的墙壁上。

机枪一停，又甩来几颗手榴弹。因为有窗棂挡着，只甩进来一颗，落在炕上，嘶嘶冒着白烟……

三人都在炕上，想躲都来不及，如果手榴弹爆炸，三人定是血肉横飞，壮烈牺牲。多亏周建屏经验丰富，立即抓起冒着烟的手榴弹又甩了出去。

三人一闪身出来，冲着北面的土板墙往上一蹿，翻身跳到了北院。一步未停，又朝北翻过两家，才来到街上。

他仨刚到街上，虽然被几个鬼子发觉了，但他们仗着路熟，窜着胡同拐来拐去，朝着村外奔去。鬼子把他们当成了村中的老百姓，不知道其中有韩增风，更想不到有分区的司令员，所以只冲他们打了几枪，并没有跟着追下去。

韩增风冲在头里，周建屏走在中间，警卫员断后。临出村时回头看看，见已经甩掉了那几个鬼子，便迅速离开村口，进入村外的一片桃园。

他俩停下脚步时，发现丢了警卫员。周建屏想，这小伙子很机灵，晚几步一定会撤出来的。等他出来，好一块撤走。可是，一等再等，也不见出来，怎么回事呢？

村当中的手榴弹还在激烈地爆炸，机枪也仍在疯狂地扫射。鬼子一定还在包围着那两间小屋，还认为他们几个在屋里呢，现在应该怎么办？在村口跟自卫队一起放哨的警卫员，没来得及进村报信，连信号都未发出，说明凶多吉少，现在把身边的警卫员小苗子也丢了，刚刚摆脱了敌人的包围，难道还要再闯进去寻找战友吗？

周建屏与韩增风没有多加考虑，便毫不犹豫地又朝着敌人占领的这个村庄奔去了。

谁知刚刚走过村口，这里已经设了鬼子的岗哨。他俩估计，小苗子很可能是在临出村时负伤，所以仍需从这个街口进去寻找……

鬼子并没有发觉村外有人，他们的任务是守着街口，防止韩增风从里面冲出，着重注意着村内的动静。他们哪里会想，此刻不仅有韩增风，而且还有周司令员，并不是由里往外冲，而是由外往里冲。韩增风跟着周建屏没有猛冲猛闯，两人悄悄接近村口这两个鬼子，借着村中炮火的光亮，模模糊糊看见村口两个晃动的黑影子。因为距离已经很近，他们俩同时将手枪扳机一扣，两个鬼子一齐应声倒下。

两人迅速进了村，顺着刚才冲出村的那条小街，往前寻找，正着急寻不到时，却听见有人低低喊了一声：

“老周！”警卫员听出了周建屏的脚步声。

“小苗子！”周、韩二人一齐赶过来。原来小苗子的腿部受了伤，不能走路，爬到街边的一个墙旮旯里。

“来，我背你，快！”韩增风背起来就走了。

从刚才进来的街口又出不去了，至少有七八个鬼子守在那儿。他们只好拐进一条小胡同，绕了几个地方都出不去。转了一个多钟头，才转出村来，又走进了那块桃园。正往前走，忽然听到桃园的另一头有声响。韩增风放下小苗子，轻轻往前侦察，发现有十几匹大洋马，拴在桃树上。原来是最初赶来堵他们的那十几个鬼子，怕惊动了他们，将马拴在这村外桃园了。幸好只有马没有人，他解下两匹牵了过来，把小苗子扶上马背，又将另一匹牵到周建屏面前，说：

“司令员，你跟小苗子一起先走吧！”

“你那个警卫员小鬼还没出来，一班自卫队也没出来，怎么办？”周建屏根本没考虑要走。

“我再进村去看一下。”韩增风说。

“那就一起去看看吧。”周建屏打了个手势，让小苗子先走，他要跟韩增风一起第三次进虎穴。

“不行，这一次要到村子当中。”韩增风的意思是说太危险了，周建屏决不能再冒这个险。话到嘴边，却改口说：“人多了反容易暴露，我一人进去就行。”他看司令员还要坚持进去，便又说：“假如出来的时候有困难，你可以在外面接应一下，比一起进去要好。”

周建屏听他说的有道理，便留在村边。小苗子骑在马上，硬是不走，也留在这儿。

如何再能进得村呢？韩增风稍稍迟疑了一下，周建屏却看出了他在想办法，于是便将那匹大洋马顺手牵过来，将缰绳递给他，说了声：“你就骑上马大模大样地进村吧。”韩增风接过马缰绳，即刻翻身上马，手中提着匣子枪，飞一般朝村口奔来。他心想遇上十个八个鬼子，那还不好对付。

虽然是单枪匹马，因为夜色很暗，敌人看不清他是谁，他便装作鬼子大模大样地闯过去了。

韩增风进得村来，看看前后无人，便下了马，拐进一个胡同，他知道自卫队住的地方。

如周建屏所料，鬼子由汉奸带路，躲过村边岗哨，先包围了他们四人原住的那个小院，然后一部分鬼子又转身出来对付村口的岗哨。

那一班自卫队发现敌人的动静以后，即翻过后墙，想绕道去通知韩增风他们几个，一听那儿已经打响，便欲从村后撤出，又遇上了围村的鬼子，只好再回村内，藏了起来。

韩增风一看自卫队所住的村公所里有了鬼子，便又绕了好多家去寻找，都找不到。忽然想到这张家庄自卫队挖的一段地道，如果他们未能撤出村，必定进了地道。于是便朝留有地道口的这家寻来，果然在这儿找到了他们。

这时，集中包围小院的鬼子，大部分已经分散到各个街口、胡同口，将村子包围得越来越紧了。自卫队员不好出村，可又不能等到天亮。鬼子寻不到韩增风是不会罢休的，一定会进行大搜查，大白天更不容易冲出去。于是，韩增风坚决而果断地说了一声：

“跟我走，往外冲！”

韩增风与自卫队员突然出现在接近村口的地方，他们用匣子枪、手榴弹一阵猛打。村口的敌人抱一挺机枪，迎头还击，正死死堵住街口。韩增风本想趁混乱之际，给敌人来个出其不意，冲出村去，不料身后的敌人也陆续赶来，眼看进退不得，情况十分危急……

突然，村外的枪响了，几颗手榴弹落在村口抱机枪的敌群中，敌人的机枪不响了。韩增风知是周司令员与小苗子前来接应，顿时精神大振，大喊了一声："冲啊！"几名自卫队员紧随其后，一起冲出了村。幸好天黑，夜幕掩护了他们。冲出村后，敌人便摸不清去向，只是朝着野外乱打了一气。鬼子只知道这是村里的那班自卫队，并不清楚其中有韩猛子，因而没有向前追击。

韩增风带着八名自卫队员（出村时牺牲一人），随周建屏奔入桃园。为再"借"用几匹大洋马，周建屏与韩增风带着自卫队员悄悄围上来，只听轰隆隆一阵响，四五颗手榴弹在火堆上开了花，自卫队员们抢上前来，捡起靠在树上的枪支，摘下挂在树杈上的子弹，解开拴在树桩上的缰绳，翻身跳上马背，马鞭一扬，一行十一人离开桃园，沿滹沱河向上，奔向根据地腹地去了。

大功无迹

历史永远是活着的，让真正的人青史留名。周建屏虽生命短暂，但已成为红色将星闪耀于历史的天空。他不怕艰难困苦，不怕流血牺牲，坚韧不拔的革命精神永远铭记在人们心中。

壮志未酬

周建屏三十年戎马生涯，在枪林弹雨中出生入死，身上曾留下七处枪伤。在敌后的艰苦环境中，为创建抗日根据地，日夜操心，到处奔波，积劳成疾。机器用久了，也有破损失灵的时候，何况他还是一个血肉之躯的人啊！

四分区三面环绕着平汉铁路、正太铁路和同蒲铁路，境内公路密布，给敌人“封锁”“扫荡”“分割”“蚕食”以许多便利，战斗频繁。为了巩固和发展根据地，周建屏带着难以忍受的脊髓炎疼痛，总是周密部署着全盘工作，细致安排每一次战斗。为了主动打击敌人，周建屏经常带领部队出发到外线作战，大家看到他身体不好，年岁又大些，总是劝他留守中心区。每遇到这种情况，周建屏不仅要担负指挥全区的工作，而且还要抽空做大量的群众工作。

分区机关搬到小觉镇后，周建屏住在贫苦农民老何家里，虽身染重病，但每天还是忘我地工作。他上门串户访贫问苦，号召民兵参军参战，动员妇女参加生产支援前线。他对部队工作抓得更紧，经常找干部、战士商量工作，谈心交心，部队的指战员们和附近农民群众十分尊重这位南征北战的老首长。周建屏虽然年纪较大，资历较老，工作经验较丰富，但他时时处处注意倾听大家的意见，没有一点“长官习气”，这使许多和他共过事的战友非常感动。年近半百的周建屏见到解放区天真活泼的孩子们，思念起远在南方而又下落不明、生死未卜的妻子和女儿，他那种赶走侵略者、建设一个新中国的心情更加迫切。他经常抽空为孩子们讲革命故事，茶余饭后，口袋里带上别人慰问他时送来的糖果，分给孩子们吃，和孩子们做上一段捉特务的游戏，有时甚至被天真的孩子们搂腿扯胳膊而摔倒在地。

周建屏对革命忠心耿耿，满腔热情，对自己的事却从来不放在心上。他生活简朴，在那艰苦的环境里，身为司令员的周建屏同战士一样穿着有补丁的衣服，吃也很简单，平常就是吃一些小米饭、窝窝头。他喜欢喝上一口酒，下酒菜有豆腐、辣椒就行，从不乱花公家的钱。

自从有一次带领儿童团员进行“捉拿汉奸”的演习被绊倒后，周建屏身体一直不适，原来是伤口复发了，可他仍然照常工作。有时疼得厉害，他咬咬牙挺一会儿，又继续工作，但病情一天比一天恶化了。周司令员病重的消息，很快在滹沱河两岸传开了。战士和乡亲们为老周的病忧心如焚，惴惴不安。几个常缠着周司令员讲革命故事的儿童团员，听说他病了，每天没日没夜地跑到周建屏的屋里，小铁柱轻声地问：“周伯伯，还疼吗？你想吃酸菜么？”小五子每天早晨端来一碗豆浆：“周伯伯，奶奶让我给你。”他闪动着一双天真的眼睛，直瞅着司令员喝下去，才微微笑一笑，走出来。

晋察冀军区首长聂荣臻听说周建屏病重，派了卫生部部长叶青山专程来小觉镇给周建屏治病。经过详细检查，发现他有各种并发症，眼下威胁最大的是九处伤口都发了炎。叶青山见周建屏病情复杂而且严重，劝他马上放下工作，安心治病。可周建屏若无其事地说：“这点病算不了什么，请军区首长不要惦记我。只要疼得不厉害了，不是照样可以工作吗？”

“老周，你这种蔑视疾病的顽强精神，我很敬佩，可是放松了必要的休息和治疗，疾病就会像敌人一样乘虚而入啊！正因为你平日有病不治疗也不休息，身体抵抗力降低了，各种疾病就一齐向你进攻了。现在不能再疏忽了，党和人民需要你有强壮的身体继续与鬼子战斗啊！……”

周建屏听完叶青山这番言真意切的劝告，点了点头，心里十分感动。对啊，日寇还没有赶出中国，老百姓还在水深火热之中，我与妻子、女儿还未过上一天团圆的日子，我还要带领太行儿女继续战斗啊！

时令已是农历十月了，太行山区早已飘起了雪花。室内温度很低，即使是健康的人也感到寒气袭人，何况周建屏还是一个病人呢。通信员小苗子便在周建屏室内生了一个炉子，一方面取暖，一方面可以煎药、做饭。但周建屏生怕浪费了煤炭，总是把炉子封得严严实实。

周建屏病情越来越重，到了翌年3月份，躺到床上起不来了，分区又没有医院可住，他就住在司令部办公室里。身边没有护士，只有小苗子一个警卫员兼通信员，边工作还附带照顾他。刘道生政委要给他派个护理人员，被他拒绝了。

司令部里有个女文书叫郭素华，是从北平出来的学生，二十多岁，聪明伶俐又肯干。司令员的精神使她深深受到感动，主动向刘政委请示，被批准后，兼管起了照料司令员病中生活的工作。她虽然不懂护士的工作，却比护士照顾的还周到。接屎端尿、熬药做饭，什么都干。刘政委表扬了她，她说：“我干了这么一点小事，比起司令员对革命的贡献来，太微不足道了。”

村里的乡亲们陆陆续续前来探望周建屏来了。这一个多月来，小觉镇上从七八岁的小孩子，到七八十岁的老人，几乎全都来看望过周建屏，而且大都是来看望过好几次了。

日子一天天过去，月亮圆了又缺，缺了又圆，转眼又是六月了。周建屏的病情，虽经过多方治疗抢救，但未见好转，而且在一天天加重。有天夜里，他几次昏迷了过去。天亮以后，忽然又清醒过来。他看看守在身边的刘政委、郭素华、小苗子和几个医生，吃力地说：“我们的抗战才刚刚开始……可是，我，我就一病不能起来了……”他声音低沉微弱，是一个字一个字地说出来的。

“老周同志，你还有什么要嘱咐的吗？”刘政委抑制住内心的悲痛，问了一声。

周建屏望着生死与共的战友，缓慢地说：“我早年参加辛亥革命，参加过打倒皇帝的斗争，直到我加入共产党，才算走上了真正的革命道路，是党和根据地的人民养育了我。我虽然没有看到全中国的解放，但我相信中国革命一定会胜利。到那时候请代我向根据地的人民致意！”

1938 年 6 月 13 日下午 3 时，优秀的中国共产党党员、中国人民忠诚的儿子、我军杰出的指挥员周建屏与世长辞，这个壮志未酬的云岭之子，走完了他短暂而壮怀激烈的一生，时年 46 岁。

巍巍太行山在低头悲恸，滔滔滹沱河在呜咽叹息。鸟儿停止了欢唱，花儿收敛了笑脸。军民敬爱的军分区司令员、身经百战的沙场名将——周建屏的心脏停止了跳动。

周建屏逝世的消息一传出，小觉镇和四分区的军民沉浸在巨大的悲痛之中。乡亲们像失去了自己的亲人一样悲痛。他们为了表达对这位平易近人、可亲可敬的首长诚挚的哀悼，都纷纷找出白布自动戴孝。同时派人来军分区司令部要求按当地风俗举行丧葬仪式。前来祭奠的乡亲，不分男女老幼，终日络绎不绝。停灵五天后，军民一起举行了隆重的追悼会。

周建屏的遗像，挂在台上的正中央，横幅上写着“沉痛悼念周建屏司令员！”的大字。前来参加追悼大会的人数以万计，会场上到处发出悲哀的抽泣声和叹息声。

刘道生政委在悼词中说：“周建屏同志十八岁入滇军，参加了辛亥革命，1927 年参加八一南昌起义，后在赣东北创建红十军，屡建功勋……为了革命事业，他丢妻弃女，远离家乡。一生都奋战在炮火纷飞的战场上，身经百战，胜不骄，败不馁，永远保持坚定的信心，置生死于不顾，一直在顶着炮火冲杀……在创建我们的抗日根据地中，他又起到了最大的作用。本来还要跟我们一起……不幸积劳成疾，医治无效，永远离开了我们！……终年四十六岁……”刘政委擦着眼泪，哭得几乎说不出来了。

分区宣传队特别为他赶编了一首赞歌：“艰苦卓绝，屡建奇勋，浴血沙场，献身革命，时代的先驱，民族的英灵，让我们踏着您的脚印，前进，永远前进！”

几千军民，跟着灵柩，在哀乐声中，在老乡燃放的爆竹声中，穿过小觉镇的东西大街，送出村东口，爬上半山坡的松柏林，将周建屏的灵柩埋葬在松柏林当中一块较为宽敞的平地上。送葬的人一直站在墓前及周围的山坡上，久久不愿离去。

永远的怀念

周建屏去世后，老百姓为了纪念他，在苍松翠柏之间，修建起一座烈士墓，竖立起一块高大的烈士纪念碑，碑前还盖起一个古老样式的烈士纪念亭。他们早晚路过这儿，都要到墓前来看一看。

为了永远纪念周建屏，应广大军民要求，经晋察冀专区和边区行政委员会批准，小觉镇改名为建屏镇，并以小觉镇为中心，从平山、井陉、获鹿三县分别划出部分地区，设立建屏县（后并入平山县）以志纪念。

建屏县是革命老区，这里虽地处山区，交通不发达，但那里的人民朴实、热情、勤劳、勇敢。抗日战争一开始就成了敌后抗日根据地、八路军的大后方。抗日战争期间，为党和国家培养、锻炼、输送了一大批优秀的高中级干部。建屏县的成立，就是建屏人民在抗日战争中为国家所做贡献的写照。

解放战争时期，以周建屏烈士名字命名的建屏县更是成为享誉中外的红色圣地。1948 年 5 月，中共中央、中央军委和人民解放军总部进驻西柏坡，成为当时中国革命的领导中心。党中央、毛泽东主席在这里指挥了震惊中外的辽沈、淮海、平津三大战役；召开了具有历史意义的党的七届二中全会。然而，今天可能很多人不知道，这个西柏坡就是当时建屏县的西柏坡。

实际上，当时除中共中央、中央军委驻西柏坡外，还有很多中央的重要机关分别驻在建屏县的其他村庄，特别是西柏坡周边的几个村，如中共中央管理处驻东柏坡村。1947 年 7 月到 9 月，刘少奇在西柏坡主持召开“全国土地会议”并通过了《中国土地法大纲》。当时建屏县每一个村，必须在全村最显要位置，抹出一片白墙，打格画线，用毛笔全文书写“土地法大纲”。

建屏县地处山区，群众基础好，组织军工生产，有很多优势。1947—1949 年间，晋察冀解放区在建屏县的军工企业就有十五家之多，主要集中在建屏县北冶、小觉一带。解放战争时期，大量的枪支弹药和其他军用物资，源源不断地从这里运往各地前线，有力支援了全国解放战争。

1958 年 3 月，国务院批准建设岗南水库，建屏县政府所在地洪子店淹掉了，被聂荣臻誉为“晋察冀边区乌克兰”的东西黄泥大片农田淹掉了。数十个村庄、几万村民大迁移，有的甚至迁到外县或外省。这也是建屏人为国家做出的贡献，从此建屏县撤销并入平山县。

烈士公墓位于小觉村东的一个石崖上，公墓从选址到建设都非常有创意。地势险要，位置突出，背靠大山，面向滹沱河。整个公墓区，是以周建屏烈士墓为中心的烈士墓群。在抗日战争中牺牲的一些烈士也安葬在这里。烈士墓左侧是一座烈士纪念碑及碑亭，纪念碑上方有通栏大字“民族之光”，下面是烈士姓名。烈士墓前方是一个三层的纪念塔，塔的最上方写着“精神永生”，二层记有周建屏烈士的生平，并记述了公墓落成时悼念活动的盛况，“太行巍巍，滹沱洋洋，烈士精神，山高水长……”再往前是一个石门楼，虽是门楼但不能通行，因为它是建在悬崖边上的，很有气势和想象力。上方“坚苦卓绝”四个大字，刚劲有力。这些建筑之间有石砌甬道连接，其他为树林或绿地，总面积约两千平方米，当地老百姓都把这个地方叫“周司令坟”。1939 年 6 月，日军一度占领建屏镇，对这位使他们闻风丧胆的烈士进行报复，毁坏了陵墓。在当地人民群众舍生忘死的保护下，周建屏的遗骨得以保留下来，1940 年重修陵墓。

1953 年，周建屏烈士遗骨迁葬于石家庄华北军区烈士陵园。

周建屏革命烈士证明书

精神永存

小觉镇安葬周建屏的墓地，步入陵园，一座雄伟的石牌楼耸立在眼前，牌楼横梁上镌刻的“坚苦卓绝”四个大字，首先跳入眼帘，它勾起我们对将军的思念和回忆。

“坚苦卓绝”！这不正是对周建屏一生的总结与概括吗？不正是周建屏高尚品德的生动写照吗？

我们忘不了他曲折坎坷的一生。“创业艰难百战多”，他为了追随党干革命，为了创建赣东北红军，经受了多少挫折，付出了多少心血，进行了多少“坚苦卓绝”的斗争！

我们忘不了他朴素廉洁的品德。记得，在赣东北的那些日子，他率领的部队打了许多胜仗，而每一仗总要缴获大量的财物，但他从来没有留下一块钱放在自己的身上，一尘不染。部队无论开到哪里，从没有看到他到市面上买过什么东西。一些从旧军队俘虏过来的旧军官，都交口称赞：“当这样大的官，身上没有一个钱，真是少有！”冬天，他穿的一件棉大衣，补了又补，对这样一件补丁贴补丁的衣服，他却舍不得扔掉，等到气候一转暖和，就请老百姓为他刷洗、收藏。他穿的是这样朴素，吃的也非常简单，和战士一样吃五分钱的伙食标准，从不搞特殊化，为此赢得了干部战士对他的敬重。有一次，部队杀了一头猪，战士们商议，给周建屏送来一块猪肝，可他怎么也不肯接受，并且批评了送猪肝的战士，严肃地说，以后再不许这样干。1935 年，周建屏在战斗中负伤，准备去上海治病养伤。临行前，他担心身上带的一支自来水铱金笔会引起敌人的怀疑，暴露身份，但又舍不得扔掉，于是他就取下比较值钱的笔尖，藏在身上，并巧妙地躲过了敌人的搜查。这些，足可以看到他朴素廉洁的品质。

我们忘不了他平易近人的作风。周建屏虽然出身旧军官，但是，在他身上却看不到半点旧军官的习气，他平等对待干部、战士， 从不摆架子，从不打骂，也从不发脾气。他规定，长官和士兵讲话，不能让士兵站着。他和老百姓的关系十分密切，十分融洽，每到一个村庄，总是串家走户，访贫问苦，看望那些贫寒人家、鳏寡孤独。在他住的时间较长的贵溪周坊，男女老幼，没有一个不认识他。谁家有喜事，都要来请他去喝一盅，谁家有忧愁，都要来向他倾诉，谁家有困难，都要来向他求助。一次，一个老表来到他住的房子跟前，嚷嚷着要面见周军长，士兵为了让首长好好休息一下，便不让这个老表进屋去，老表急了，赶忙大声喊：“周军长……” 这一喊，惊动了周建屏，他走出大门，说：“谁呀？请进吧。”接着，满面笑容地将那位老表迎进了屋里。他就是这样和群众心连心，情同手足，亲如鱼水。

当时，人们还编了这样一首歌来赞美他：

坚苦卓绝，
屡建奇勋，
浴血沙场，
献身革命，

周建屏烈士陵园 1

周建屏烈士陵园 2

周建屏烈士墓

时代的先驱，
民族的英灵，
让我们踏着您的脚印，
前进，永远前进！

聂荣臻元帅在回忆录中写道：“……在晋察冀土地上，尤其令人怀念的是我军优秀的指挥员，红军时期就当过军长的第四军分区司令员周建屏同志，于 1938 年 6 月因劳累过度，牺牲在战斗岗位上，他在作战中英勇捐躯，效命沙场，永远值得我们纪念！”

站在烈士墓前，每一个人都深深地为之三鞠躬，默哀良久，才缓缓离去，耳畔仿佛回荡着这支赞歌，眼前的牌楼化作一座历史的丰碑，高耸在亿万人民的心坎。

参考书目

1. 阎涛：《刀光闪闪》，湖北人民出版社 1984 年版。

2. 郑水龙：《热血——周建屏将军传》，江西百花洲文艺出版社 1997 年版。

3. 牛桂云：《赣东北根据地的创建及其历史地位》，《齐鲁学刊》1983 年第二期。

4. 罗时平：《赣东北红十军之来龙去脉》,《军事历史研究》1989 年第二期。

5. 林强、马照南、刘晓：《红十军入闽与闽北革命根据地的发展》，《党史研究参考资料》1981 年第一期。

6. 刘勉玉：《略述留守中央苏区红军的九路突围》，《南昌大学学报（社会科学版）》1994 年第十二期。

7. 杨树标：《论赣东北革命根据地史研究中的几个问题》，《杭州大学学报》1998 年第七期。

8. 刘维菱：《中国工农红军第十军组建史略》，《江西大学学报（哲学社会科学版）》1986 年第一期。

9. 程雪朝、戴何彪:《献身革命的优秀指挥员周建屏》,《党史文苑》2012 年第七期。

10. 庄永菁:《邵式平在赣东北》,《党史文苑》2011 年第三期。